MAGISTERIO
EDITORIAL

Catalogación en la publicación – Biblioteca Nacional de Colombia

Agredo Acevedo, Doralba
    Dislalia funcional : origen, causas, valoración e intervención primaria / Doralba Agredo Acevedo, Flor Niño Becerra. -- 1a. ed. -- Bogotá : Editorial Magisterio, 2012.
    p. – (Colección infancia)

    Incluye bibliografía y glosario
ISBN 978-958-20-1060-7

    1. Dislalia 2. Trastornos del habla I. Niño Becerra, Flor II. Título III. Serie

CDD: 616.85506 ed. 20
CO-BoBN– a787031

# DISLALIA FUNCIONAL

## ORIGEN, CAUSAS, VALORACIÓN E INTERVENCIÓN PRIMARIA

Doralba Agredo Acevedo – Flor Niño Becerra

 # Créditos

Colección Infancia
**DISLALIA FUNCIONAL**
**ORIGEN, CAUSAS, VALORACIÓN E INTERVENCIÓN PRIMARIA**

Autor

© DORALBA AGREDO ACEVEDO - FLOR NIÑO BECERRA
Libro ISBN: 978-958-20-1060-7
Primera edición 2012 Magisterio

©   COOPERATIVA EDITORIAL MAGISTERIO
Diagonal 36 Bis No. 20-70 Park Way - La Soledad
Celular: (+57) 312 4354489
www.magisterio.com
info@magisterio.com.co

Dirección General
ALFREDO AYARZA BASTIDAS

Editor
PÍO FERNANDO GAONA

Portada y diseño colección
Ma. Alejandra Daza

Diagramación
Yesmy Benítez
yesmybb@hotmail.com

Ilustrador
Walter Ortiz Gamba

# Contenido

# INTRODUCCIÓN

Sin lugar a dudas, dentro del cotidiano ejercicio de la labor docente se deben afrontar-enfrentar un sinnúmero de escollos o dificultades para expresarse verbalmente, para escribir, para leer, para realizar adecuadamente las operaciones matemáticas básicas, para entablar relaciones interpersonales, etc, los cuales deben, imprescindiblemente, ser sobrepasados a fin de evitar que se entorpezca el proceso de enseñanza-aprendizaje. Estas problemáticas habitualmente se presentan en los estudiantes de los grados más inferiores, hoy denominadas primer ciclo o ciclo inicial.

En tal sentido, la experiencia como docentes de los primeros ciclos de enseñanza, nos ha mostrado y demostrado que habitualmente los niños y las niñas presentan falencias en lo que tiene que ver con la articulación (pronunciación) de fonemas, de sílabas y de palabras, lo cual acarrea dificultades en la comunicación, plasmándose en errores en el acto lectoescritor.

En consecuencia, el objetivo de este libro es presentar someramente las denominadas Dislalias Funcionales, enfatizando en sus orígenes, sus causas, la forma de diferenciarlas de otros errores de articulación (pronunciación), la manera de evaluar su existencia y los modos de realizar una intervención primaria a fin de corregirlas.

Se considera fundamental presentar este tipo de deficiencia, ya que, además de afectar el proceso de enseñanza-aprendizaje, generalmente es desconocida por los docentes, quienes no saben cómo abordar; asimismo, se plantean las acciones a tomar y realizar frente a los problemas articulatorios para que los educandos los superen. Esto permite tener un conocimiento acerca del entorno más próximo dentro del cual se desenvuelven los niños y las niñas, y asumir funciones que sin ser propias de la pedagogía inciden directamente dentro del proceso de desarrollo integral de los alumnos y, por ende afectan positiva o negativamente su proceso de aprendizaje.

También  se plantean las formas de corregir los errores de pronunciación que usualmente presentan los educandos, mediante una serie de actividades que favorezcan su proceso comunicativo, el de aprehendizaje-aprendizaje y construcción del conocimiento y su proceso de desarrollo integral.

El libro se estructura en torno a dos temáticas; la primera aborda los órganos y funcionamiento del aparato vocal implicados en el desarrollo del lenguaje, en tanto que en la segunda, se plantean acciones y actividades dirigidas a superar las deficiencias que se pueden presentar en dicho desarrollo.

Esperamos que este texto además de dar a conocer los órganos y funcionamientos del aparato vocal y actividades para llevar a cabo en el aula de clase, abra espacios que ayuden a un mejor aprendizaje y desarrollo del lenguaje y por ende en las demás áreas del conocimiento. Además, contribuya a la construcción de una nueva dinámica en las actividades escolares y permita día a día hacer de los educandos mejores utilizadores y manejadores del lenguaje en los distintos ámbitos de su entorno.

También estos aspectos planteados dejarán de ser obstáculos en el desarrollo del lenguaje del niño si tomamos la decisión de abordarlos y trabajarlos en el aula aplicando las actividades planteadas, afrontando nuevos retos, innovando y más que todo modificando los esquemas que constituyen la realidad educativa sin afectarla estructuralmente.

# LENGUAJE vs. HABLA

Al mencionar la dificultad de articulación o de pronunciación de fonemas, de sílabas o de palabras, se alude específicamente a un problema que, para ser tratado o intervenido, requiere previamente hacer una distinción entre lo que son lenguaje y habla.

## Lenguaje

Según Bouton (1992), el lenguaje es el medio de comunicación o de expresión del que se vale el ser humano para entrar en contacto consigo mismo y/o con los demás.

Condemarín, Chadwick y Milicic (1994), en concordancia con lo arriba manifestado, estiman que: "el lenguaje constituye la vía de comunicación humana por excelencia." (p. 89).

Por su parte, Monfort (1982), expone que el lenguaje es una matriz constitutiva de identidad tanto en el plano individual como en el social, puesto que nada hay en el lenguaje que no sea la resultante de situaciones de producción humana y social, ya que desde el primer contacto del neonato con el seno de la madre, desde el llanto como manifestación de displacer, desde la holofrase[1] hasta las más complejas asociaciones que se puedan llegar a construir, todas son resultado de las experiencias.

---

[1] Fusión de varios elementos semánticos y gramaticales en una sílaba o en una palabra, por ejemplo: "ma" o "mamá", que tienen el valor de una oración: "mamá tengo hambre".

En resumen, empleando los términos más sencillos puede decirse que el lenguaje es el medio, la manera o la forma a través de la cual se comunican los organismos o miembros de una misma especie, o, para el caso específico los seres humanos; es decir, que el lenguaje es la facultad que permite al hombre representar, expresar y comunicar impresiones, sensaciones, percepciones, pensamientos, ideas, nociones, conceptos y/o sentimientos por medio de un conjunto ordenado de signos verbales y no verbales. A este último tipo de signos corresponde la lengua o lenguaje articulado.

No obstante, puede deducirse que el cerebro no nace "cargado" de lenguaje, sino que viene dotado biológicamente para que el individuo asocie, relacione, interprete, analice, proponga, argumente, formule hipótesis, en resumen, para que perciba la realidad y la comunique requiriendo, por tanto, del contacto humano para desarrollarse.

Es decir que, a partir de las interrelaciones surge el lenguaje y con él los vehículos para transmitirlo; por tanto, el lenguaje puede ser verbal, lectoescrito, gestual, corporal, pictórico, musical, táctil, manual-gestual o de señas, etc.

En el sentido más amplio, del lenguaje puede decirse que es cualquier procedimiento que sirve para comunicarse y que puede y debe ser estudiado, abordado o analizado desde sus características, desde sus funciones y desde sus componentes.

De manera más precisa o restringida, es decir, con relación al lenguaje verbal y al lectoescrito, Salas (2001) indica:

> *El lenguaje es la manifestación sensible del poder que tiene el hombre de penetrar en la realidad más allá de la multiplicidad de estímulos, y de abarcar mucho campo y ganar una posición de dominio frente a todo aquello que le afecta de algún modo. Cuando sabemos el nombre de una realidad, parece que dominamos en cierta medida. Dar nombre es caracterizar, enmarcar, delimitar, tener en cierto grado (las cosas) bajo control.*

*El lenguaje permite al hombre orientarse al enmarcar y dar sentido a los mil y un fenómenos que tejen su vida diaria… El lenguaje es un campo de luz en el cual se iluminan las cosas y fenómenos con sólo ocupar el puesto que les corresponde… El lenguaje es una matriz constitutiva de identidad (individual y social); nada hay en el lenguaje que no sea la resultante de situaciones de producción humana y social, desde las primeras frases y palabras hasta las más complejas asociaciones que podamos construir, todas son resultado de las experiencias.*

*… Cuando el niño descubre que con sonidos puede designar cosas es el momento en que tiene acceso a la función simbólica. Gracias a esta función, el hombre puede dominar el pasado, se proyecta al futuro, trasciende el límite aquí y ahora para expandirse mentalmente de manera ilimitada. (p. 58).*

## Habla

Según refiere Cabanas Comas (1983):

*Es el proceso mediante el cual la personalidad individual hace uso del lenguaje como un medio de comunicación con el resto de las personas, que tiene una base fisiológica definida. Es decir, el habla equivale a la palabra, a la articulación, y posee un sustento eminentemente "material": la acción muscular de los órganos fonoarticulatorios, en particular los labios, la lengua y el velo del paladar. (p. 23).*

Desde el presente texto, el habla es entendida como el acto motor que "materializa" el lenguaje y permite la comunicación oral; es decir, que corresponde a la producción de sonidos articulados gracias a la intervención sincronizada de los órganos fonoarticuladores y el acto respiratorio. No obstante, cuando el habla no es inteligible, bien sea de manera parcial o total, surgen los denominados trastornos del habla, los cuales son de carácter funcional o de origen fisiológico, neurológico o psicológico.

El trastorno de habla de carácter funcional o Dislalia se configura luego que el niño ha culminado su proceso de desarrollo del habla, lo que, en condiciones "normales" ocurre entre los cinco y seis años de edad. Es decir, que una vez sobrepasada esta edad, cualquier dificultad articulatoria sin sustento fisiológico, neurológico o psicológico se considera Dislalia Funcional y debe ser tratada o intervenida con el fin de que su presencia no afecte negativamente el resto de aspectos del desarrollo integral del niño ni comprometa su desempeño personal, familiar, social ni académico.

Ahora bien, teniendo en cuenta que se ha mencionado que entre los cinco a seis años de edad el niño ha completado su desarrollo del habla, es decir, que ésta es totalmente comprensible, no sobra indicar que esto sucede en razón a que, el hombre, al igual que algunos otros animales, aprende inicialmente por medio de la imitación, de ahí que el logro de una correcta pronunciación de letras, sílabas y palabras, ocurre siempre y cuando no existan complicaciones fisiológicas, neurológicas o psicológicas y depende del modelo que se le presente al niño, de la estimulación que se le proporcione y del entorno dentro del cual se lleve a cabo la comunicación oral.

En tal sentido, para que pueda aseverarse que el niño, entre los cinco a seis años de edad ha culminado su proceso de desarrollo del habla, es preciso estar seguros de que  ha pasado y sobrepasado las siguientes fases o etapas:

| Edad | Características del acto motor del habla |
|---|---|
| 0 – 6 meses | • Llanto y grito, como manifestación de estados de displacer o sonrisa y sonidos (juegos sonoros como gorjeos o explosiones de burbujas) ligados a sensaciones de placer, así como succión en coordinación con el acto respiratorio como antecedente del habla. |
| 6 meses – 1 año | • Juego vocal, balbuceo o laleo, consistente en incesantes repeticiones de sonidos vocálicos como rudimentos y preparación del habla. |
| 1 año - 11½ años | • Empleo de holofrases o palabras-frase. |
| 1½ - 2 años | • Pronunciación correcta, pero de manera aislada de las vocales y de los fonemas consonánticos /m/, /b/, /p/ y /n/; en palabras. La pronunciación no es clara.<br>• Construye y se comunica mediante frases de dos palabras. |
| 2 – 3 años | • Empleo del ¿qué?, ¿por qué? y ¿para qué? sin pronunciar correctamente el fonema /r/.<br>• Construye y se comunica con frases de tres palabras.<br>• El habla se torna más precisa, pero aún no pronuncia los sonidos finales; es probable que los extraños no entiendan mucho lo que dice. |
| 3 – 4 años | • Utiliza la mayoría de fonemas pero distorsiona los más difíciles; generalmente el fonema /r/ aislado y en combinación.<br>• Los extraños entienden mucho de lo que dice. |
| 4 – 5 años | • El habla es comprensible pero comete errores al pronunciar palabras complejas difíciles y largas como "hipopótamo".<br>• Monólogo, conversaciones con amigos imaginarios y relatos. |
| 5 – 6 años | • Construye y se comunica con frases de ocho o más palabras.<br>• Sostiene conversación. |

En consecuencia, siendo éstas las etapas por las cuales pasa el habla, es necesario tener en cuenta que, como lo que se busca es realizar una intervención correctiva en aquellos niños que, estando en el ciclo inicial de educación presentan dificultades articulatorias o de pronunciación, se requiere estimularle y hablarle a fin de que observe e imite un modelo adecuado, para lo cual resulta pertinente:

(a) Hablarle al niño de un modo pausado, acatando los intervalos que decida emplear, es decir, aquellos que correspondan a su capacidad respiratoria y que para el momento resulten funcionales para la emisión de palabras.

(b) Gesticular cada palabra exageradamente para que el niño observe los puntos y modos de articulación[2].

(c) Incentivar al niño para que progresivamente, desde el adecuado modelo que se le presenta, logre una correcta pronunciación de cada fonema.

(d) Elogiar cada progreso logrado por el niño, insistiéndole en que la práctica es la que le llevará a superar su problema de pronunciación.

---

2 Punto de articulación: sitio en donde se posa la lengua para que se emita correctamente cada letra (fonema).

Modo de articulación: forma o manera correcta de pronunciar cada letra (fonema) bien sea aislada o en combinación con otra(s).

# Diferencias entre lenguaje y habla

| Lenguaje | Habla |
|---|---|
| • Es Simbólico ya que asocia expresiones y contenidos.<br>• Es Sinonímico, puesto que permite construir más de una expresión para transmitir un mismo contenido.<br>• Es muy amplio, porque se pueden expresar muchos contenidos.<br>• Es Analógico, es decir, permite expresar diversidad de puntos intermedios entre dos contenidos determinados.<br>• Es Multisensorial (auditivo, visual, propioceptivo, kinestésico, manual, etc.), al producirse, por ejemplo, desde lo oral para ser percibido auditivamente, desde lo manual, gestual y corporal, para ser percibido visualmente, etc.<br>• Los lenguajes oral y lectoescrito están compuestos por reglas sociales comunes que incluyen lo siguiente:<br>  — Significado de las palabras; por ejemplo: "estrella" se puede referir al cuerpo celeste que está en el firmamento, a un actor célebre o a un futbolista destacado.<br>  — Creación de nuevas palabras, como por ejemplo: "parcero", "repentizar".<br>  — Combinaciones de palabras apropiadas a cada situación dada, el ejemplo claro es: "Podría mover el pie, ¿por favor?" puede convertirse en "¡Por favor, mueva el pie que me está pisando!" si la primera petición no produce resultados. | • Es el medio oral de comunicación, está compuesta por los siguientes elementos:<br>  — Articulación: manera en que se producen los fonemas, las sílabas y las palabras.<br>  — Voz: Uso coordinado de los órganos fonoarticuladores y el acto respiratorio para producir sonidos.<br>  — Fluidez: ritmo y velocidad al hablar. |

En consecuencia, si un niño tiene problemas para entender a los demás (Lenguaje comprensivo) o para expresar ideas, sentimientos, percepciones, etc, (Lenguaje expresivo), padece de un Trastorno del Lenguaje, en tanto que si la dificultad radica en la correcta producción de fonemas, de sílabas y de palabras o tiene problemas de la voz, entonces tiene un Trastorno de Habla.

# LA RESPIRACIÓN

## Órganos de la respiración u órganos infraglóticos

*Vía nasal. Nariz y fosas nasales.* La nariz es un órgano respiratorio dividido en dos compartimientos llamados fosas cámaras que se encuentran unidas pero divididas en su parte media por el tabique nasal.

La nariz se asemeja a una pera, de modo que su base es el piso y su vértice se encuentra en medio de los ojos.

La nariz está conformada por huesos, cartílagos duros (cartílago cuadrangular, ubicado en la parte anterior del tabique nasal) y cartílagos blandos (alas o fosas nasales que al juntarse forman la punta nasal). Todas estas estructuras, sus músculos y el tejido celular subcutáneo, se encuentran cubiertos externamente por piel, en tanto que la cubierta interna de la nariz es mucosa.

De conformidad con el tipo de mucosa que recubre el interior de las fosas nasales, la nariz se divide en tres áreas: la región vestibular, la región respiratoria y la región olfatoria.

En las partes laterales de cada cámara nasal, se encuentran los cornetes, que son estructuras formadas por hueso esponjoso recubiertos por una fina y delgada mucosa.

Generalmente son tres: inferior, medio y superior, y están dispuestos a la manera de tres dedos atravesados, cuyas funciones son las de humectar, calentar, limpiar y dirigir el aire hacia el interior de los pulmones. Debajo de cada cornete, están los meatos los cuales los protegen y son las vías de comunicación de la nariz con sus senos paranasales. También sirven como puertas de salida del moco que exudan los senos y como entrada y salida al aire.

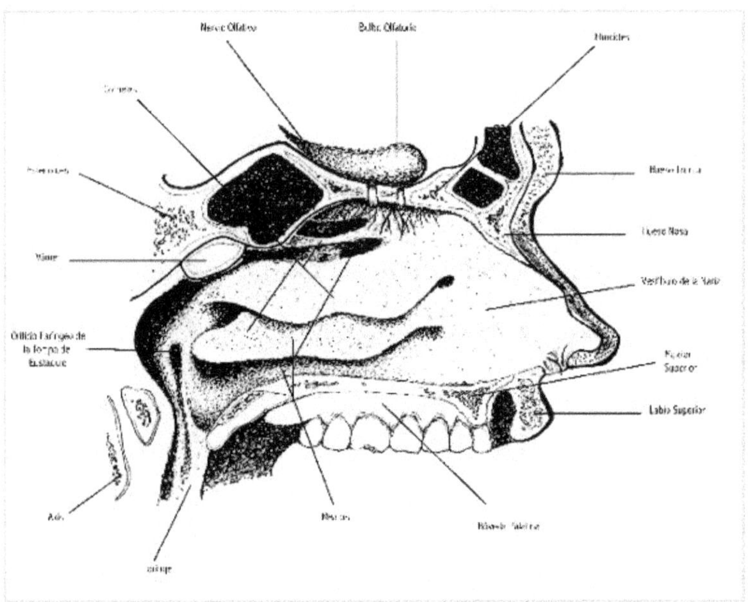

La nariz en su parte interna tiene a su alrededor una serie de cavidades conocidas como senos que coadyuvan en lo referente a la entrada y salida de aire, así como con el almacenamiento del moco, el cual humecta y mejora la temperatura del aire que se respira, atrapa partículas que se adhieren al mismo para inmovilizarlas y evitar que ingresen al árbol respiratorio y destruye bacterias y otras sustancias extrañas que impregnan el aire que se inspira.

*Faringe.* Es un conducto muscular membranoso cuya longitud aproximada es de unos 14 cm, que conduce el aire a la faringe y los alimentos al esófago.

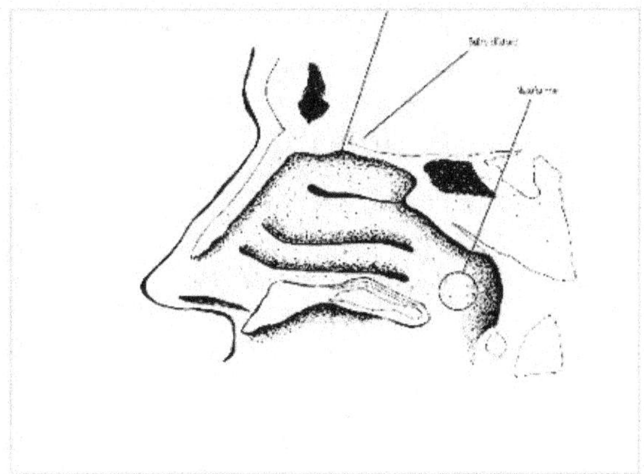

La faringe está compuesta por: nasofaringe, bucofaringe y laringofaringe.

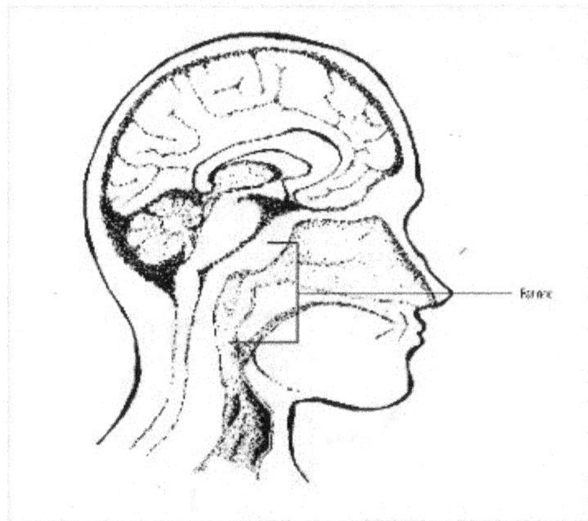

Nasofaringe. Es la porción más alta de la faringe; está situada por detrás de las fosas nasales y por delante de la columna cervical superior, siendo su límite superior la base del cráneo y su límite inferior el velo del paladar o paladar blando.

En su interior contiene el orificio faríngeo de la trompa auditiva de Eustaquio (encargada de igualar las presiones del aparato esta-toacústico con la presión atmosférica). También comprende la Fosita de Rossenmüller o receso faríngeo, un rodete que en su parte final incluye la amígdala faríngea.

Sus funciones son las de participar en la fonación, la respiración y ventilación del oído medio.

Bucofaringe. Delimitada por delante por el velo del paladar a través del istmo de las fauces, por arriba por el velo del paladar y por abajo por la epiglotis.

En la orofaringe se encuentran las amígdalas palatinas o anginas y el surco glosoepiglótico (entre la raíz de la lengua y la epiglotis) encargado de evitar la entrada de saliva en la vía respiratoria.

Laringofaringe. Es la porción más baja de la faringe y la región ana-tómica que comunica la garganta con el esófago; así, en la laringofaringe desembocan dos tubos anatómicos: la laringe por delante y el esófago por detrás. (Le Huche y Allali, 2004)

Es la parte realmente común a las vías digestiva y respiratoria.

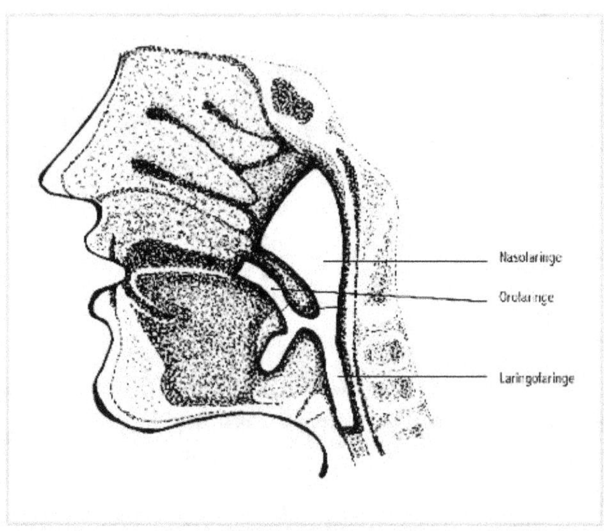

*Epiglotis.* Es una especie de válvula en una estructura cartilaginosa que cubre la entrada de la laringe y que se mueve hacia arriba y hacia abajo, impidiendo que los alimentos entren en ella y en la tráquea al tragar. Marca el límite entre la orofaringe y la laringofaringe.

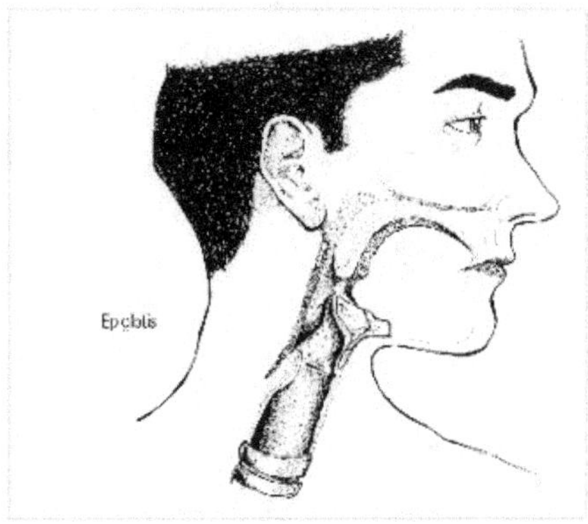


*Laringe.* Ubicada en la parte superior de la tráquea, entre las vértebras cervicales. Es un conducto muscular cartilaginoso de forma piramidal triangular invertida que está cubierto por mucosa y cuya

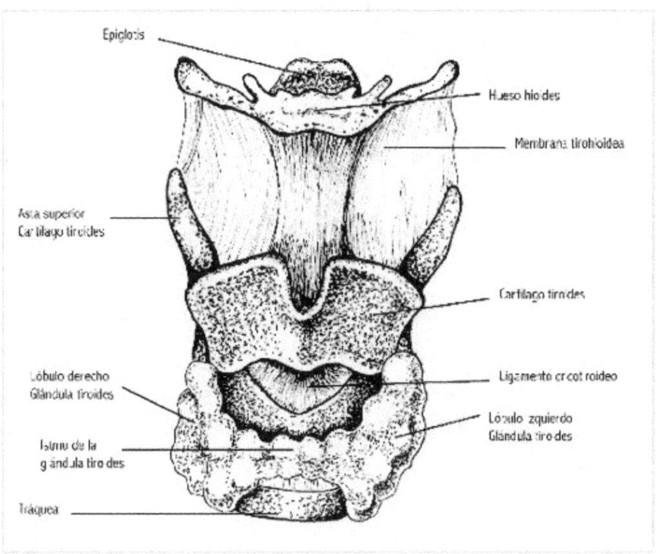

función principal es la filtración del aire inspirado. Es el órgano donde se produce la voz y contiene las cuerdas vocales.

Participa en la regulación del Dióxido de Carbono y en el acto de la deglución (paso del bolo alimenticio a la faringe).

*Tráquea.* Constituida por 16 a 20 hemianillos cartilaginosos. Está entre los 12 y 15 cm, y brinda una vía abierta al aire inhalado y exhalado desde los pulmones y permite la dilatación del esófago durante el paso de los alimentos.

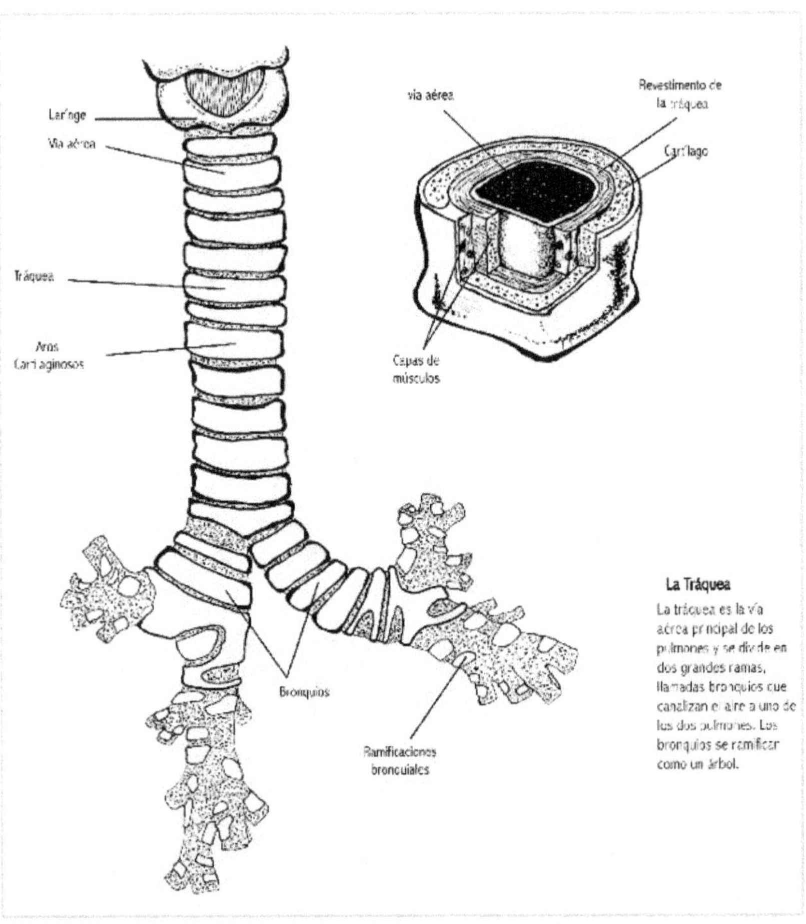

*Bronquios.* Ubicados a continuación de la tráquea, se insertan en los pulmones, su función consiste en conducir el aire que va desde la tráquea hasta los bronquiolos y alvéolos pulmonares.

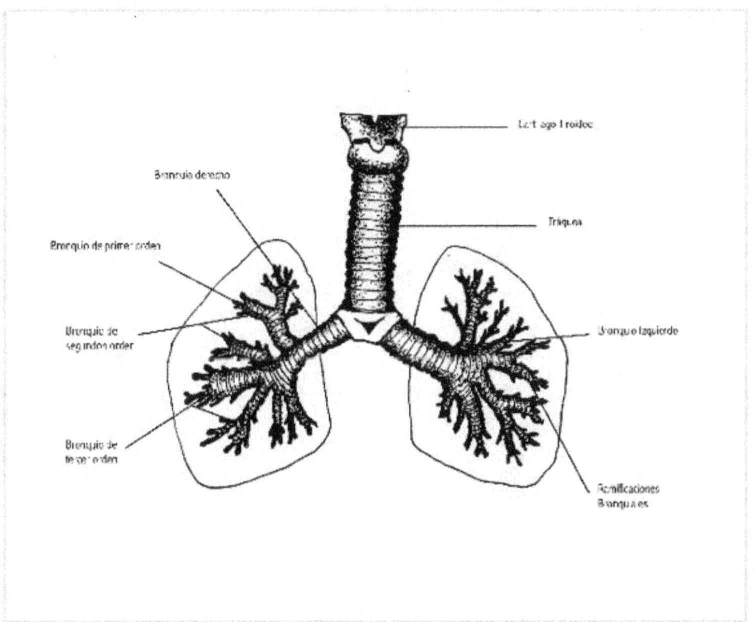


*Bronquiolos.* Se sitúan en el interior de la cavidad torácica. Tienen forma de cono truncado de contextura blanda, esponjosa y dilatable, de 26 cm de altura.

Están conformados por una cara externa (pared costal), una cara interna en relación al mediastino, una base y un vértice.

Su finalidad es realizar la hematosis o la oxigenación de la sangre venosa.

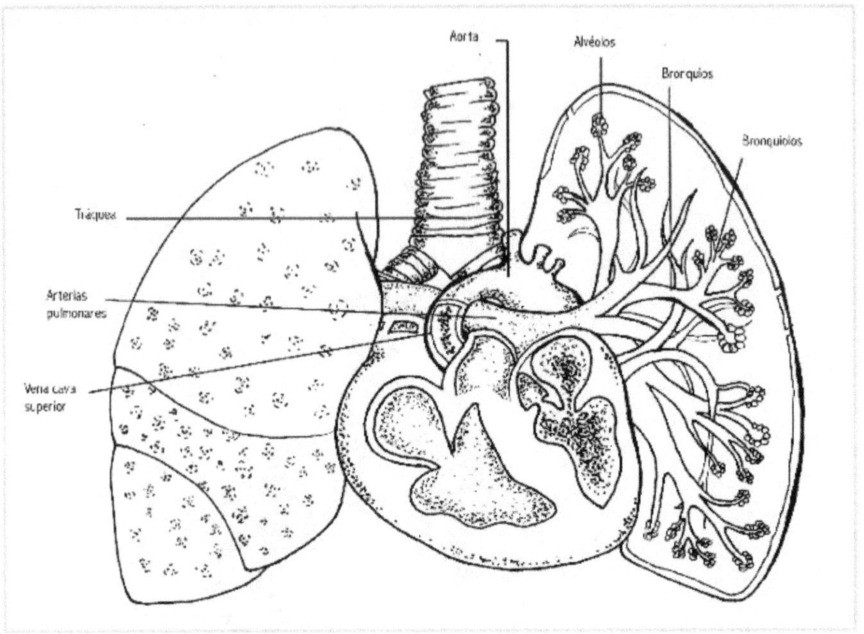


**Alvéolos.** Son una especie de cavidades circulares situados al final de los bronquiolos que permiten el intercambio de gases.

**Pulmones.** Además de cumplir con la función de realizar el intercambio gaseoso con la sangre, son los proveedores del aire necesario para realizar el acto de la fonación. Tienen dos movimientos: uno de inspiración, en el que absorben aire, y un segundo de espiración, durante el cua expulsan el aire y se puede producir el sonido articulado.

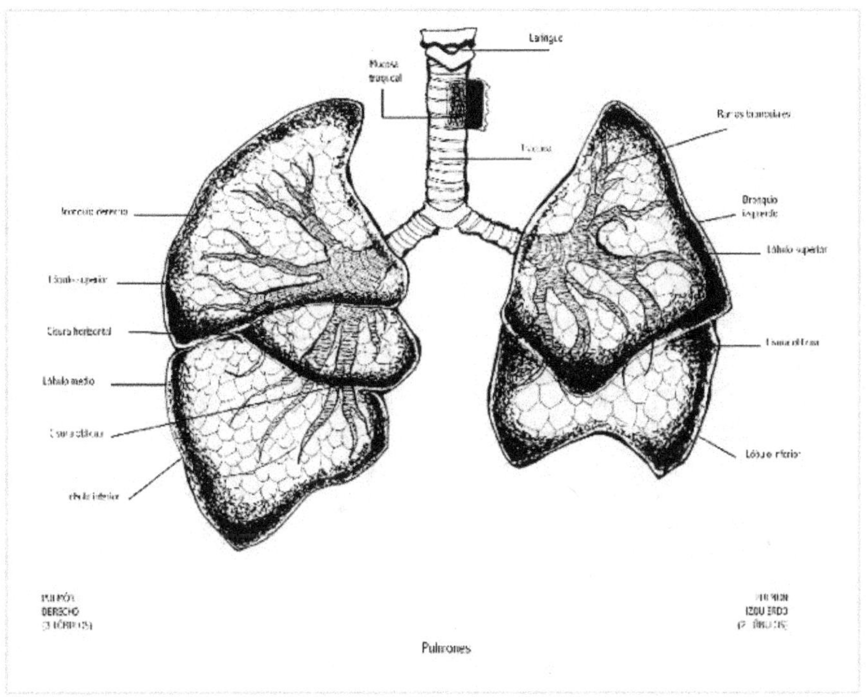


*Músculos intercostales.* Su función principal es la de movilizar un volumen de aire que sirva para, tras un intercambio gaseoso apropiado, aportar oxígeno a los diferentes tejidos.

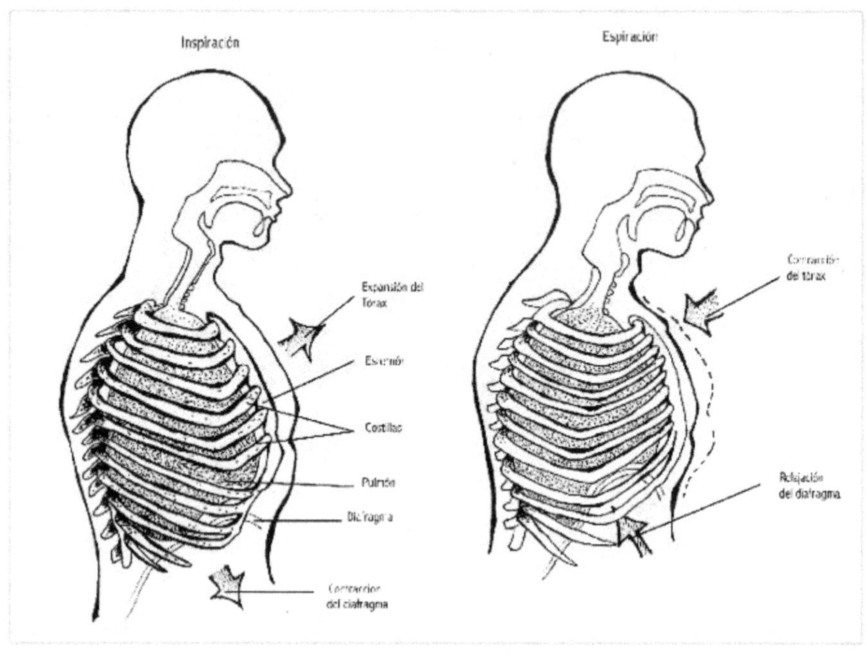



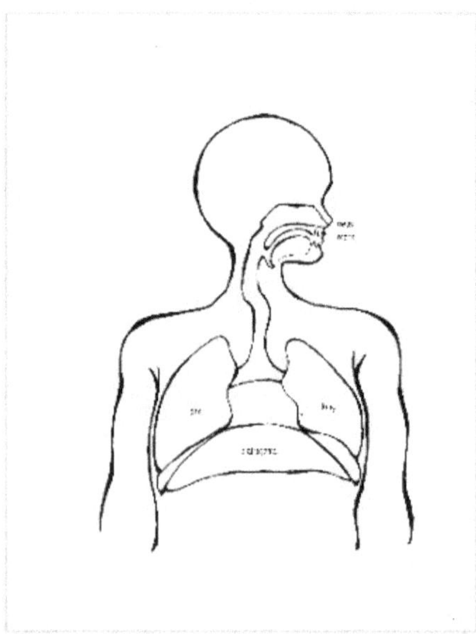

**Diafragma.** El diafragma es un músculo estriado en forma de cúpula que separa la cavidad torácica (pulmones y corazón) de la cavidad abdominal (intestinos, estómago, hígado, etc.). Interviene en la respiración, descendiendo la presión dentro de la cavidad toráxica, aumentando su volumen por la inspiración e inhalación, y lo disminuye durante la espiración mediante la exhalación.

# El acto respiratorio

Conocer, así sea someramente el mecanismo del acto respiratorio resulta fundamental, en la medida en que existe una relación directa entre respirar adecuadamente y producir sonidos articulados de manera que resulten inteligibles.

Ahora bien, el acto respiratorio consta de dos tiempos: (a) inspiración y (b) espiración.

Paret (2007) explica estos dos ciclos de la siguiente manera:

> (a) inspiración: Es el período en el cual el oxígeno entra al cuerpo. Para que se realice correctamente el ingreso de aire y su paso a través de las vías respiratorias, se requiere de todo un proceso coordinado en el que actúan numerosos músculos de entre los que se destaca el diafragma, que es un músculo en forma de cúpula situado por debajo de los pulmones.

> En la inspiración la cúpula se comprime dirigiendo hacia abajo las vísceras abdominales, empujando el abdomen hacia afuera y elevando levemente las costillas flotantes.

> (b) espiración: Tras la entrada de aire, los pulmones se hallan dilatados y el diafragma comprimido, de manera que se produce una presión costoabdominal; así, la expulsión del aire se produce por simple distensión muscular.

*Tipo y Modo Respiratorios.* El acto respiratorio se compone de lo que podría denominarse dos posiciones o fases que deben realizarse adecuadamente a fin de no interferirlo, no dificultarlo y llevarlo a cabo de manera que facilite no solo la oxigenación, sino además la plena y correcta articulación de los fonemas, de las sílabas y de las palabras.

Las citadas posiciones o movimientos a que se alude son:

Tipo respiratorio y modo respiratorio.

Tipo respiratorio: Tiene que ver con las modificaciones en cuanto a ensanchamiento y contracción que se producen internamente con la toma y expulsión del aire, de ahí que existan o puedan observarse en las personas varios tipos respiratorios a saber:

- Inferior o abdominal. Fisiológicamente, es el tipo respiratorio correcto. Durante la inspiración, es decir, con la entrada del aire, el abdomen se abulta hacia fuera para luego contraerse durante la espiración.

- Costo-diafragmático-abdominal. Es el tipo respiratorio más completo y se realiza de la siguiente manera: en el momento de la inspiración, el abdomen se arquea o se adelanta lige-ramente, mientras que la parte media del tórax se expande. Durante la espiración las costillas se retraen y la pared abdo-minal se contrae, dando lugar a la elevación del diafragma. De la elevación lenta y regular de este músculo depende la presión con que el aire llega y pasa por los repliegues (cuerdas) voca-les, lo que a su vez provoca una mayor o menor intensidad de la voz y de la secuencia de los sonidos emitidos.

- Costal superior o torácico. Es el tipo respiratorio desacertado y contraproducente tanto para la función respiratoria, como para la función fonatoria.

- Con la toma de aire, éste converge en la región de las costillas superiores y de la clavícula, de manera que entre más profunda sea la inspiración, mayor es el desplazamiento de las costillas así como el ascenso clavicular y de hombros.

- Invertido. Es el tipo respiratorio más inconveniente. En el mo-mento de la inspiración el abdomen se retrae y las costillas se levantan.

Modo respiratorio. Corresponde a la toma y expulsión del aire, acciones que en reposo deben realizarse únicamente por las fosas nasales, por lo que el modo correcto en reposo se denomina nasal-nasal.

Para el caso de la articulación de fonemas, de sílabas y de palabras, así como para la lectura y para la realización de ejercicios físicos (trotar, correr), el modo respiratorio debe ser nasal-bucal.

Por tanto, si el niño denota alguna alteración en su modo respiratorio, lo pertinente es remitirlo a un especialista, que en el caso más sencillo es el pediatra.

# LA FONACIÓN

Como lo expresan Scivetti y Garraza (2006):

> *La fonación, es el trabajo muscular transformado en voz y palabra. Con ella se logra la comunicación verbal, que consiste en una serie de sucesos que ligan el estado mental del oyente con el del hablante a través de procesos fisiológicos, psíquicos, lingüísticos y físico-acústicos. Este complejo sistema requiere de la coordinación fina y precisa de los órganos que intervienen en la fonación.*

Tulon (2000) añade que para que se dé la fonación se requiere de:

Circulación de aire ascendente, proporcionada por el aparato respiratorio.

Vibración, conseguida por y desde la laringe.

Resonancia, proporcionada por las cavidades nasofaringobucales.

Articulación, conseguida en y desde los órganos articulatorios móviles o activos y fijos o pasivos.

## Fonación o cavidades de resonancia

Están formadas por la faringe, por la boca, por el velo del paladar o paladar blando y por las fosas nasales.

*Faringe.* Es un cilindro muscular que se adapta en función de los sonidos que ha de reforzar en la fonación y que cambia principalmente de forma, de aspecto, de apariencia y de disposición de conformidad con la frecuencia en que esté operando.

La faringe está comunicada en su parte inferior con la laringe y en la parte superior con las fosas nasales.

*Boca.* Es una abertura demarcada por delante por los labios y por los arcos dentarios; por detrás por la pared de la faringe; por encima por el paladar el cual es muscular en su mitad posterior y óseo en su mitad anterior, y, por debajo o en su lecho con la lengua, la cual es portentosamente móvil y es la responsable de la articulación de la mayoría de los fonemas.

En la boca se articulan los fonemas, las sílabas y las palabras y se obtiene la resonancia cuando se separa el maxilar inferior del superior así como los labios.

*Velo del paladar.* En su parte más posterior ocluye el conducto faringonasal en la división de los sonidos nasales y orales. De tal manera que cuando el sonido es nasal, deja abierto el mencionado conducto para que así la energía vibratoria se dirija hacia las fosas nasales. Asimismo, cuando el sonido es oral, sella la vía referenciada para que la energía vibratoria se encamine hacia la boca.

*Fosas nasales.* Son unas cavidades cuya parte anterior desemboca en la nariz y cumplen una función resonadora básicamente para la emisión de los fonemas nasales.

Como es de suponerse, cualquier malformación de o en alguno de estos órganos trae como lógica consecuencia no solo una dificultad a nivel respiratorio, sino adicionalmente conlleva a impedimentos en la correcta articulación de fonemas, es decir, en la correcta producción del habla.

# LA ARTICULACIÓN

Es la posición que adoptan los órganos de la boca en el momento de producir un sonido.

## Órganos de la articulación y órganos supraglóticos

Activos

Labios

Lengua

Dientes inferiores

Paladar blando o Velo del paladar

Pasivos

Dientes superiores

Alvéolos superiores. Son los hoyos donde están encajados los dientes; para el caso de la articulación de fonemas, de sílabas y

de palabras, se hace referencia específicamente a las encías superiores, por la parte de adentro; es decir, la zona en que se apoya la
lengua al pronunciar el fonema /n/.

*Paladar duro.* Partes superior de la cavidad oral formado por el
hueso palatino y huesos molares .

# TRASTORNOS DEL HABLA

Son todas aquellas dificultades que comprometen la funcionalidad del acto motor (habla) sin perjuicio de la comprensión del lenguaje y que tienen como origen aspectos tales como un mal patrón a imitar, una deficiente sincronía entre la respiración y la fonación, una malformación física, una lesión neurológica o un sustento psicológico.

Existen diversas clasificaciones de los mencionados trastornos del habla, sin embargo, de conformidad con su origen o causa, Pascual (1988) los ha agrupado así:

## Dislalia evolutiva

Tiene que ver con los errores de articulación que se exteriorizan en la omisión o distorsión de fonemas y que ocurren antes de los cinco a seis años de edad, por lo que corresponden a una fase en la que el niño aún está aprendiendo y/o estructurando la articulación. Por tanto, pueden considerarse como fallas normales que no requieren de intervención ya que con el paso del tiempo desaparecen. Los errores más comunes se plasman en la articulación del fonema /r/ bien sea en posición inicial o media, es decir, cuando dicho fonema alcanza o requiere de la máxima vibración de la lengua contra el paladar para producir sonido seguido de una vocal (sílaba directa) o antecedido de una consonante (/b/; /p/; /d/; /t/;/g/) en los denominados sinfones o sílabas trabadas. A manera de ejemplo pueden citarse palabras como rosa, arroz, brío, primo, dragón, trozo y grueso.

## Dislalia audiógena

Se desencadena de una deficiencia auditiva, de lo que se colige que el niño no articula correctamente y/o confunde fonemas, presentando adicionalmente anormalidades en la intensidad, en el tono, en el timbre y en la duración de su voz.

## Dislalia orgánica

Su origen está o bien en algún tipo de lesión neurológica o en algún tipo de malformación ya sea congénita o adquirida, de manera que si la etiología es neurológica, el trastorno de habla se denomina disartria, en la que se afecta el movimiento, en tanto que si existe anomalía física, se llama disglosia, siendo característica la distorsión de la articulación.

## Dislalia funcional

Corresponde a la alteración en la pronunciación ocasionada por un malfuncionamiento de los órganos articulatorios a pesar de no existir ninguna causa de tipo orgánico. Este trastorno de habla es el más frecuente.

Independientemente de la anterior clasificación, consideramos más pertinente hacer referencia a Trastornos de Habla y no a dislalias, restringiendo este último término a las dificultades articulatorias cuya etiología no es orgánica o fisiológica, ni neurológica, ni psicológica.

En suma, y de conformidad con los fines del presente texto, los trastornos del habla se dividen o clasifican así:

*Dislalia Funcional.* Provocan una mala articulación o pronunciación de fonemas, de sílabas y/o de palabras, debido a que el niño tiene o se le presentan inadecuados patrones o modelos para imitar. Tal es el caso de los adultos que le hablan a "media-lengua", que sustituyen onomatopeyas por palabras (guau-guau en lugar de perro), que carecen de coordinación o de sincronización entre el acto respiratorio y el habla, o que por razones de índole social-cultural pronuncian fonemas y palabras incorrectamente (supresión del fonema /s/ dentro o al final de las palabras en el caso de las personas originarias o habitantes de la región Caribe; articulaciones incorrectas como por ejemplo: "inrresponsabilidad" x irresponsabilidad; "sedso" x sexo; deficiencias en los componentes de la voz, es decir, en el tono (agudo-grave), en el timbre, en la intensidad (fuerte-suave) y en el ritmo (pausado, lento-rápido)).

*Trastornos del Habla de origen fisiológico.* Hacen referencia a las malformaciones y/o disfunciones congénitas o adquiridas que provocan una mala articulación, como por ejemplo: labio fisurado, paladar hendido, macro o microglosia, mala implantación dentaria, prognatismo o retroprognatismo, distorsiones en función de la resonancia rinofaríngea y pérdidas auditivas.

*Trastornos del Habla de origen neurológico.* Indican la presencia de lesiones cerebrales que afectan los nervios o las conexiones neuromusculares responsables de los movimientos de los órganos fonoarticuladores.

*Trastornos del Habla de origen psicológico.* Manifiestas en alteraciones en el ritmo del habla y/o la sincronización entre ésta y el acto respiratorio.

# Diferenciación entre la dislalia funcional y otros trastornos del habla

| Dislalia Funcional | Trastorno de Habla de origen neurológico | Trastorno de Habla de origen orgánico o fisiológico | Trastorno de Habla de origen psicológico |
|---|---|---|---|
| | -Disartria | | - Disfemia<br><br>- Tartamudez<br><br>- Bradilalia<br><br>- Taquilalia<br><br>- Tartajeo |
| Los errores de articulación son constantes y consistentes, pero no se pueden asociar a lesiones neurológicas, a causas fisiológicas o a problemas psicológicos sino a incorrectos patrones a imitar.<br><br>El lenguaje comprensivo no se afecta. | Su sustento está en una lesión neurológica. Los errores articulatorios son inconstantes e inconsistentes y, tras una aparente recuperación vuelven a aparecer.<br><br>El lenguaje comprensivo se afecta. | Los errores de articulación son constantes y consistentes y obedecen bien a malformaciones congénitas o adquiridas o a deficiencias auditivas.<br><br>El lenguaje comprensivo puede verse afectado. | Los errores de pronunciación se caracterizan por ir acompañados de bloqueos espasmódicos en los músculos de cara y de cuello. Dichos espasmos pueden ser tónicos (bloqueos intensos iniciales), clónicos (espasmos repetidos sobre una misma sílaba) o mixtos.<br><br>De acuerdo con el compromiso psicológico, el lenguaje se ve afectado. |

# LA DISLALIA FUNCIONAL

## Manifestaciones de la dislalia funcional

Las manifestaciones más frecuentes de la Dislalia Funcional son:

*Sustitución.* Ocurre cuando se articula un fonema en lugar de otro.

El error más frecuente se presenta con la /r/ que es cambiada por /g/ o /d/, como en el caso de "cada" x "cara" y "cago" x "carro".

Asimismo, la /k/ suele ser reemplazada por /t/, como en "tama" x "cama".

En otras ocasiones, falta de control de la lengua que lleva a cambiar el punto de articulación o la forma de salida del aire fonador obteniéndose una articulación distinta de la que el niño quiere imitar, por ejemplo, se sustituye la /d/ x la /l/, al permitir una salida lateral del aire; éste es el caso de "tolo" en lugar de "todo".

Muchas veces se da un error de sustitución, porque el niño no discrimina correctamente el sonido y lo sustituye por otro parecido.

La sustitución puede producirse al principio, en el medio o al final de la palabra.

Las sustituciones más frecuentes que se pueden observar en los niños son:

- /l/, /g/, /d/ en lugar de /r/
- /z/ en lugar de /s/
- /t/ en lugar de /k/
- /b/ por /p/
- /g/ por /d/
- /l/ por /d/

*Distorsión.* Esta alteración es debida a una imperfecta posición de los órganos de la articulación, a la falta de control de los movimientos que deben realizar o a la forma improcedente de salida del aire fonador, produciendo lateralizaciones o nasalizaciones incorrectas.

Las distorsiones pueden ser personales, ya que cada sujeto que presenta ese error manifiesta en ocasiones deformaciones muy particulares, que pueden llegar a ser molestas o llamativas al oído de los demás, siendo en estos casos la forma que más afecta al sujeto que las padece, por la acogida que pueda tener en el entorno. La distorsión, junto con la sustitución, son los dos errores que con mayor frecuencia aparecen en la sintomatología de la dislalia.

*Omisión.* Radica en no articular los fonemas que no se dominan, como por ejemplo: téfono x teléfono. En ocasiones esta omisión afecta solo a la consonante, como en el caso de "caeta" x "carreta" o "emana" por "semana", pero también se suelen suceder omisiones de la sílaba completa que contiene el fonema conflictivo: "camelo" x "caramelo". Cuando se trata de sílabas de consonante doble, trabadas o sinfones, es frecuente la omisión de la consonante medial, bien porque el niño no sabe pronunciarla o, aunque pueda articularla de forma aislada, por la dificultad que supone la emisión continuada de dos consonantes sin vocal intermedia: "pato" x "plato" o "futa" x "fruta". Otra emisión frecuente es la de las consonantes que aparecen en sílaba inversa, especialmente si van al final de la palabra, aunque en otras posiciones el niño sepa pronunciarlas.

*Adición.* Reside en la inserción de fonemas para ayudarse en la articulación de otro más dificultoso: dentrar x entrar; ifex ó ifecs x icfes; "aratón" x "ratón".

Este tipo de error es el que se presenta con menos frecuencia.

## Aspectos que se deben evaluar para determinar la existencia de dislalia funcional

Como se ha manifestado, el objetivo del presente texto es el de servir de instrumento de ayuda para que los docentes puedan realizar una "intervención primaria", ante la presencia de Dislalia Funcional.

Inicialmente es preciso indicar que como lo sostiene Busto (1998), es mayor la presencia de dislalias funcionales en niños que en niñas.

Ahora bien, antes de realizar una evaluación que devele o descarte la existencia de una Dislalia Funcional, es conveniente detallar y observar los síntomas que presentan los niños que padecen de este Trastorno del Habla.

Así, las señales o indicadores de la presencia de Dislalia Funcional son:

• En razón de la edad cronológica y, por ende, de la etapa del desarrollo integral en la que se encuentra el niño en el ciclo inicial de educación, resulta claro que la manifestación de la dislalia funcional no es muy notoria, puesto que es un error generalizado entre los educandos, no obstante, es necesario precisar si los errores articulatorios son constantes y persisten afectando no solo la expresión, sino además interfiriendo dentro del proceso de aprendizaje de la lectoescritura. Esto debido a que el niño exteriorizará errores al leer y al escribir puesto que está plasmando los grafemas (letras) de la manera como escucha los fonemas.

En conclusión, la característica a observar reposa en determinar qué tan claro habla el niño, o, por decirlo de otra manera, qué tan inteligible o comprensible es su habla y de qué manera afecta o no sus relaciones interpersonales tanto con sus pares como con los adultos más próximos llevándole, por ejemplo, aislarse retraerse y/o inhibirse a fin de evitar burlas.

Una vez determinada la sintomatología, el paso a seguir consiste en tener presente que para que el ser humano produzca sonidos a través del aparato fonador se requiere de:

(a) Una buena audición. Esto significa que no exista algún tipo de pérdida que interfiera en la percepción de los sonidos o en la percepción del habla de los otros. Es decir, que se debe evaluar si el niño escucha correctamente, para esto, la prueba más sencilla consiste en hablarle de frente para que observe los movimientos de labios y de cara y repita aquello que se le está diciendo. Posteriormente se repite el ejercicio, cambiando lo que se le dice, pero esta vez el docente debe modificar su posición respecto al niño, es decir, dándole la espalda o hablándole desde un sitio en el cual no le sea posible observar ni los labios ni la cara.

(b) Una adecuada respiración. Ya que debido a que este acto es mecánico, es decir, que se realiza sin ser pensado, sin que intervenga la razón, digamos que sin que se programe, generalmente se lleva a cabo inadecuadamente. Con esto se quiere expresar que por lo general la tradición ha enseñado a respirar inadecuadamente; así al observar detenidamente la forma como respiran las personas puede verse que, los hombres al inspirar suben los hombros, en tanto que en las mujeres se nota el ascenso de la caja toráxica.

Asimismo, cuando se varía la velocidad de la respiración, por ejemplo al trotar o al leer, puede verse que se dificulta la coordinación entre la toma de aire y la producción de sonidos. Lo mismo sucede cuando se realiza el soplo y el canto.

(c) Un estado normal de las mejillas, de los labios, de la lengua, del paladar, de los dientes y del maxilar, ya que cualquier malformación puede incidir negativamente en la producción de los fonemas, de las sílabas y de las palabras.

(d) Cierta habilidad motora que permita los movimientos necesarios para la producción de los fonemas, de las sílabas y de las palabras.

(e) Un lenguaje que tanto en lo comprensivo como en lo expresivo, bien sea de manera espontánea o dirigida, se adecúe a las características específicas del niño, o, dicho de otra forma, a los estándares fijados para cada etapa del desarrollo integral.

Con base en estas cinco condiciones, debe entonces realizarse una somera exploración de los órganos fonoarticuladores y del acto respiratorio, lo que develará la presencia o ausencia de factores orgánicos como generadores del trastorno del habla.

## Exploración de la funcionalidad de los órganos fonoarticuladores

El objetivo fundamental reside en determinar la movilidad de los órganos fonoarticuladores, para lo cual se requiere de una espátula lingual o baja-lenguas y de un espejo de bolsillo.

*Labios.* Lo primero a observar es la tonicidad labial, es decir, la consistencia de los labios y la coordinación en la realización de movimientos; para esto se pide al niño que los lleve hacia adelante y los retraiga para que luego los mueva hacia arriba, hacia abajo, hacia un lado y hacia el otro. Estas son solamente algunas sugerencias, pero cada quien puede realizar las variaciones pertinentes de manera que pruebe y compruebe un estado normal de los labios.

Adicionalmente debe avistarse si hay o no frenillo labial, que corresponde a un repliegue membranoso que une la parte media y posterior del labio a los dientes incisivos.

*Lengua.* La primera observación es la del tamaño de la lengua, la cual debe adecuarse al espacio proporcionado por la cavidad bucal, o sea que no debe ser ni demasiado pequeña ni demasiado grande.

También debe precisarse si hay o no presencia de frenillo lingual, el cual es un repliegue membranoso situado en la cara inferior e interna de la lengua que limita los movimientos del ápice lingual.

Posteriormente pasa a examinarse la movilidad lingual, pidiendo al niño que la desplace en diferentes direcciones tanto dentro como por fuera de la cavidad bucal.

*Mejillas.* Se debe prestar atención a la tonicidad muscular, de manera que se le pide al niño que "infle" sus mejillas para posteriormente alternar el ensanchamiento de una mejilla a otra, como "haciendo buches". La ejecución de esta actividad puede realizarse únicamente mediante la toma de aire o suministrándole al niño líquido, siendo el agua el más recomendable.

*Dientes.* Hay que inspeccionar la forma en que están implantados los dientes ya que cualquier espacio entre ellos, cualquier inclinación hacia adentro o hacia afuera de la cavidad bucal o la falta de alguno puede generar alteraciones articulatorias. Asimismo, se debe tener certeza en cuanto a si la falta de alguna pieza dentaria es debida a un desarrollo insuficiente o defectuoso de los dientes o al cambio normal de la segunda dentición.

También es fundamental observar si existe una anómala separación entre los dientes o entre dos piezas dentales; resulta pertinente tener seguridad en cuanto a que dicha separación no se debe a la extracción de una pieza dental o al normal cambio de la segunda dentición.

Por último es imprescindible revisar si hay presencia de malformaciones y/o afectaciones notorias y graves de los dientes tales como las caries ocasionadas por malnutrición, desnutrición y/o uso y abuso de medicamentos (generalmente antibióticos).

*Paladar.* Lo primero que debe revisarse es el tamaño del paladar, luego es preciso observar la forma para determinar si es o no ojival, puesto que este último ocasiona trastorno del habla.

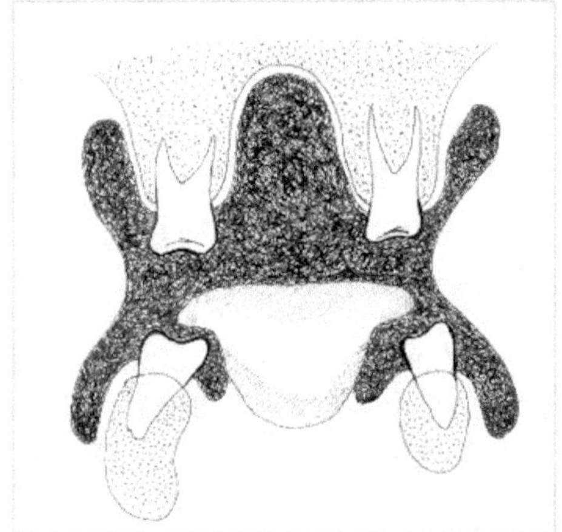

Paladar Ojival

Para comprobar si el paladar es ojival, simplemente se ve si es estrecho y muy elevado, asemejándose a la forma de una campana, otro indicador de la presencia de paladar ojival es que habitualmente, quienes lo tienen respiran por la boca y/o han tenido el hábito de chuparse el dedo pulgar de una de sus manos.

Además es indispensable determinar si existe fisura palatina, es decir, observar si el paladar óseo y/o el blando se encuentra fisurado o dividido por la mitad, de manera que se comunican directamente las cavidades bucal y nasal.

En el caso de existir fisura palatina se debe remitir al niño al especialista (odontopediatra).

## Maxilar

La valoración se lleva a cabo observando los siguientes movimientos y reacciones:

- Se solicita al niño que cierre su boca dejando entreabiertos los labios; de esta manera podremos percatarnos si la oclusión dentaria (cierre bucal) es correcta, es decir, si hay correspondencia biunívoca entre los dientes superiores e inferiores o, si por el contrario, el maxilar se encuentra desplazado hacia adelante (prognatismo) o hacia atrás (retroprognatismo), lo que provocará en consecuencia, la distorsión de los fonemas que tienen como punto de articulación la zona interdental y de aquellos en los que la lengua tienen como apoyo los dientes y los alvéolos.

- Se pide al niño que abra y cierre la boca reiteradamente, para así observar si el movimiento se realiza sin dificultad o si por el contrario existe falta de coordinación o un notorio impedimento.

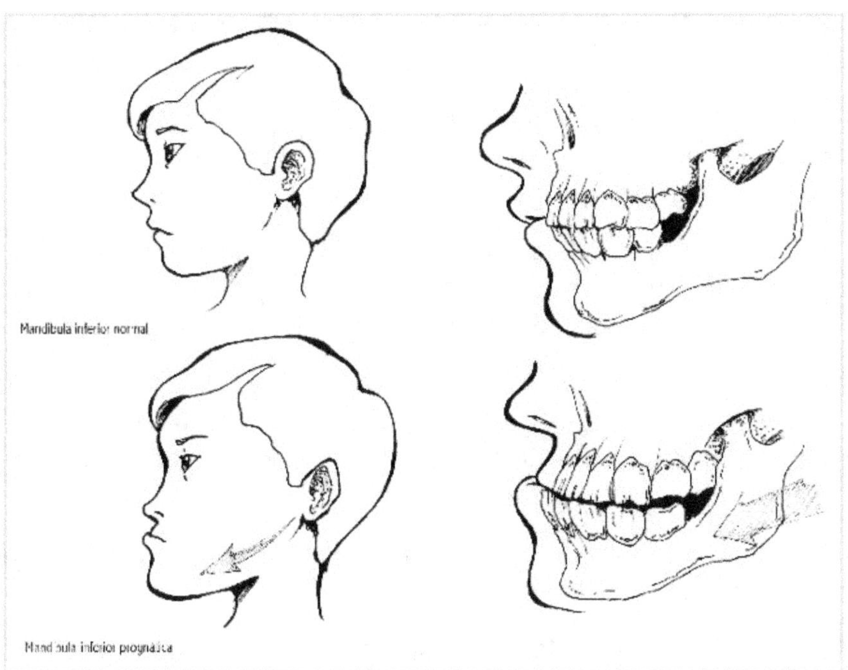

- Reparar la excesiva presencia de salivación o de saliva en la boca.

- Observar si el niño mantiene la boca abierta en momentos de reposo y en diferentes situaciones. Esto indica la existencia de un mal hábito respiratorio, de una insuficiencia respiratoria o de una obstrucción nasal.

## Exploración de la funcionalidad del acto respiratorio

La respiración pulmonar comprende dos clases de actos: el mecánico y el químico. Para los fines de la fonación, interesa el acto mecánico, el cual consta de la inspiración y de la espiración que aseguran la entrada y la salida de aire necesarias para la correcta emisión de la voz y, por ende, de la articulación o pronunciación de fonemas de sílabas y/o de palabras.

El acto respiratorio se realiza a un ritmo de cuarenta y cuatro respiraciones por minuto en niños y de dieciséis a veinte en adultos, con una pequeña pausa, denominada apnea, entre la toma y la expulsión del aire.

Además, dicho acto respiratorio, como se ha mencionado, debe realizarse adoptando un tipo y un modo específicos que facilitan la toma y expulsión de aire así como el habla.

Por tanto, si el niño denota alguna alteración en su modo respiratorio, lo pertinente es remitirlo a un especialista, que para el caso más sencillo es el pediatra, quien determinará la presencia o no de anomalías anatomofisiológicas.

Ahora bien, a fin de mediar la funcionalidad en cuanto a capacidad, coordinación respiratoria y control del soplo, es recomendable que el niño realice los siguientes ejercicios:

• Inspiración nasal, lenta y profunda. Retención del aire. Espiración nasal en la misma forma.

• Inspiración nasal, lenta, dilatando las alas de la nariz. Retención del aire. Espiración nasal lenta y completa. Se le debe indicar que expulse la mayor cantidad posible de aire.

- Inspiración nasal lenta. Retención del aire. Espiración nasal cortada, en tres o cuatro tiempos.

- Inspiración por la fosa nasal izquierda/derecha. Retención del aire. Espiración bucal.

- Soplar trozos de papel colocados sobre una mesa, una pelota de ping-pong, plumas, etc.

- Soplar a través de un pitillo.

- Inflar bombas.

- Soplar velas encendidas variando la fuerza e intensidad del soplo iniciando por hacer mover la llama hasta apagarla. Para tal fin es preciso modificar la distancia y ubicación de la vela encendida con respecto a la boca del niño.

Con el objeto de poder determinar el tipo respiratorio empleado por el niño, lo más adecuado es colocar una mano en la parte posterior del hombro y la otra sobre el abdomen, para luego pedirle que tome aire por la nariz y lo expulse lentamente por el mismo órgano. De tal manera se puede precisar cuál es el tipo respiratorio que prevalece.

## Determinación de las causas de la dificultad articulatoria

Debido a que es el docente quien se percata de los problemas de articulación del niño, se considera pertinente que, una vez realizadas las anteriores valoraciones, procure establecer las causas reales de la problemática, es decir, de la Dislalia Funcional.

Para ello, es necesario realizar una entrevista a los padres del niño, o, en su defecto, a uno de los dos, con el objeto de recopilar ciertos datos referentes a los aspectos personal y familiar del niño, mediante los cuales se determine la existencia o no de lesiones neurológicas, de malformaciones congénitas o adquirida, de malos patrones imitativos, de falta de estimulación, de enfermedades que haya padecido y que hubieran podido originar algún tipo de problema auditivo, de su proceso de desarrollo general así como el del lenguaje y el del habla, de la existencia o no de deficiencias articulatorias en el ámbito familiar y de la perspectiva y expectativas que tienen frente a la deficiencia del habla del niño.

De la misma forma, resulta oportuno realizar una entrevista con aquellos docentes que tengan contacto con el niño a fin de recibir de ellos la impresión que tienen respecto de las fallas articulatorias presentadas.

# INTERVENCIÓN DE LA DISLALIA FUNCIONAL EN EL AULA DE CLASE

Una vez se tenga claro que el trastorno de habla que presenta el niño corresponde a una Dislalia Funcional, puede entonces llevarse a cabo un proceso de intervención tendiente a corregir los errores manifiestos.

Dicho proceso de intervención debe seguir los siguientes pasos:

- Sensibilización o toma de conciencia del niño con respecto al acto respiratorio y la forma en que deben realizarse correctamente el tipo y el modo respiratorios.

- Sensibilización frente a los movimientos realizados por los órganos que intervienen en la producción de sonido (fonación).

- Interiorización y manejo funcional de la coordinación fonorespiratoria.

- Emisión adecuada y funcional de fonemas.

- Inclusión de emisión correcta de fonemas dentro del discurso espontáneo o inducido.

Como hemos indicado, la respiración es un acto mecánico que generalmente se realiza inadecuadamente en cuanto al tipo y al modo, en otras palabras, una correcta respiración se lleva a cabo en el diafragma y en reposo debe ser nasal-nasal.

Las actividades de intervención que pueden efectuarse con los niños que presenten Dislalia Funcional son:

## Ejercicios de relajación

Preferiblemente se ejecutan en posición decúbito dorsal sugiriendo a los niños que coloquen sus manos sobre el abdomen, posteriormente se les pide que tomen el aire lentamente por la nariz y lo exhalen por el mismo órgano sintiendo que ante cada inspiración el diafragma se eleva, sucediendo lo contrario al espirar. Esta acción debe ejecutarse varias veces insistiendo en la necesidad de llegar a un estado de reposo, de tranquilidad y de placidez. Posteriormente se varía la actividad pidiendo que el aire se tome por la nariz y se expulse por la boca.

Luego de haber realizado esta tarea durante varias sesiones, es decir, por ejemplo durante cinco días consecutivos por períodos de cinco minutos, puede pasarse a efectuar actividades de soplo.

## Ejercicios de soplo

El objetivo primordial está en lograr que el niño adquiera coordinación entre la inspiración o toma de aire y el soplo en cuanto a la dirección y suficiencia. Para esto, la actividad más sencilla puede realizarse colocando, a una distancia prudente (10 cm) frente a la boca del niño una vela encendida, de manera tal que tome el aire por la nariz y sople suavemente, sin apagar la vela, sólo haciendo que la llama se mueva. Paulatinamente se repite el ejercicio ampliando la distancia entre la boca del niño y la vela; asimismo, se varía la posición de la vela con respecto a la boca del niño (enfrente, hacia un lado, hacia el otro lado, hacia arriba y hacia abajo).

Una vez el niño haya alcanzado fuerza en su soplo, se amplía la distancia entre su boca y la vela y se le pide que apague la llama.

Una variación de esta actividad se puede llevar a cabo pidiéndole al niño que en posición sedente (sentado) y con la cabeza levemente inclinada hacia atrás inspire por la nariz y sople tratando de mantener una pluma en el aire.

Otra tarea se puede llevar a cabo colocando sobre una superficie plana una bola de ping-pong para que el niño, variando la intensidad o fuerza de su soplo, la haga desplazar de un lugar a otro.

De la misma manera puede adelantarse otra acción consistente en inflar globos.

Debe tenerse presente que cualquiera de estas actividades debe ejecutarse por un tiempo prudencial, no más de dos o tres minutos, de manera lenta y pausada, a fin de no ocasionar perjuicio al niño puesto que puede marearse.

## Ejercicios de estimulación de mejillas

La fase inicial consiste en masajear circularmente las mejillas en el sentido que siguen las manecillas del reloj y en la dirección contraria. Luego se pasa a darle al niño un sorbo de agua para que la traslade de una mejilla a otra y/o de la parte superior interna de los labios a la inferior, de modo que mientras que una de estas regiones de la cara se abulta, la otra se alisa. Luego se repite la acción sólo con aire.

Para proseguir se pide al niño que tome el aire por la nariz y lo deposite en la boca haciendo que sus mejillas se "inflen", luego se le solicita que mantenga el aire por la boca y lo expulse colocando los labios como si fuese a silbar, a continuación se ejecuta la acción con agua de manera que al expulsarla de la boca gradualmente aumente la fuerza del soplo, incrementando de igual forma la distancia a la que expulsa el agua de su boca.

## Ejercicios de estimulación de labios

Inicialmente las actividades consisten en protuir o llevar hacia adelante y retraer los labios simulando, exageradamente, los movimientos requeridos para dar un beso y replegar los labios como si se sonriera.

A continuación, con los labios, hacia adelante, llevarlos hacia la izquierda y luego hacia la derecha.

Seguidamente emitir sonidos uniendo y separando los labios abriendo y cerrando levemente la boca, para, progresivamente ampliar hasta exagerar la abertura de la boca.

## Ejercicios de estimulación lingual

Realización de ejercicios que estimulen los movimientos de la lengua, de manera que ésta se desplace de comisura a comisura labial, desde la parte posterior de la cavidad bucal hasta tocar la parte trasera de los dientes.

## Producción de sonidos vocálicos

La tarea consiste en explorar las posibilidades de producción de sonidos vocálicos modificando aspectos de la voz como la intensidad, el tono y el timbre de la voz, igualmente debe procurarse que el niño encuentre el sitio específico del aparato fonador en donde se localiza la producción de cada sonido vocálico, por ejemplo, se solicita al niño que coloque sus manos sobre la parte superior trasera de la cabeza y emita la vocal/i/.

Seguidamente, junto con el niño se inicia la exploración de los sitios del cuerpo en donde se producen el resto de sonidos vocálicos así como otros sonidos emitidos directamente desde el aparato fonador.

## Producción de sonidos consonánticos

Es acá en donde se encuentra la mayor dificultad manifiesta de los
niños que padecen de Dislalia Funcional, por lo que tan solo se pide
al niño que emita los fonemas consonánticos teniendo en cuenta que
deben encontrarse en diferentes posiciones dentro de las palabras,
es decir, al inicio, en la mitad y al final.

# LOS FONEMAS

## Fonemas vocálicos

Cuando se articulan los fonemas vocálicos, el aire no encuentra obstáculos en su salida desde los pulmones al exterior.

Los fonemas vocálicos se clasifican de conformidad con los siguientes factores:

*Punto de Articulación.* Alude al sitio de la boca en donde se ubican los órganos articulatorios activos a fin de emitir los fonemas vocálicos. Así, las vocales son:

| | |
|---|---|
| Anteriores | /e/, /i/ |
| Medio o central | /a/ |
| Posteriores | /o/, /u/ |

*Modo de Articulación.* Indica la abertura de la boca al pronunciarlos. Por tanto, son:

| | |
|---|---|
| De abertura máxima o abierto | /a/ |
| De abertura media o semiabiertos | /e/, /o/ |
| De abertura mínima o cerrados | /i/, /u/ |

A manera de referencia, a continuación se muestra el denominado Triángulo de Hellwag o Triángulo de las Vocales, que fue inventado en 1781 por el alemán C. F. Hellwag (1754-1835).

Del Triángulo se entiende que en el vértice la boca está lo más abierta posible y se va cerrando conforme baja hacia la base, por tanto, este dibujo describe los sonidos del habla genéticamente, o sea, con relación a la forma por medio de la cual los órganos vocales modifican la corriente de aire en la boca, nariz y garganta, con el objeto de producir un sonido. El Triángulo únicamente ubica el punto y el modo articulatorios.

<table>
<tr><td colspan="4" align="center">Triángulo de Hellwag</td></tr>
<tr><td colspan="3" align="center">Localización</td><td></td></tr>
<tr><td>Anterior</td><td>Medio</td><td>Posterior</td><td></td></tr>
<tr><td colspan="3"> 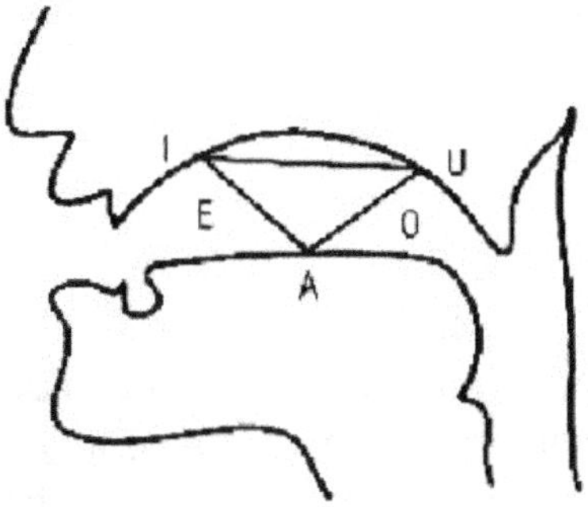I   U   E   O   A</td><td>Mínima<br>Media   Abertura<br>Máxima</td></tr>
</table>



En suma, del Triángulo de Hellwag resultan los rasgos de los fonemas vocálicos así:

/a/ Localización media y abertura máxima

/e/ Localización anterior y abertura media

/i/ Localización anterior y abertura mínima

/o/ Localización posterior y abertura media

/u/ Localización posterior y abertura mínima

Clasificación articulatoria de las vocales

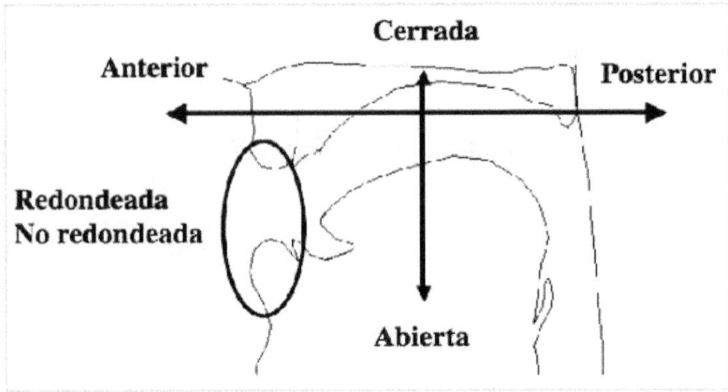


## Fonemas consonánticos

A diferencia de lo que sucede en la articulación de los sonidos vocálicos, acá siempre existe un impedimento más o menos grande que entorpece la salida del aire desde los pulmones hacia el exterior, es decir, que la columna de aire espirado se ve interrumpida o modificada por los órganos articulatorios.

Por tanto, de conformidad con las situaciones que circundan la salida del aire, existen cuatro factores que dan la pauta para clasificar los fonemas consonánticos:

*Zona o punto de articulación.* Es el lugar donde hacen contacto los órganos que intervienen en la producción del sonido. Así, si para producir un sonido entran en contacto los dos labios, se crearán sonidos bilabiales como es el caso de las emisiones de los fonemas /p/, /b/ y /m/.

*Modo de articulación.* Es la postura que adoptan los órganos que producen los sonidos. Por ejemplo, si los órganos cierran total y momentáneamente la salida del aire, los sonidos serán oclusivos, como en el caso de los fonemas /p/, /t/ y /k/.

*Actividad de las cuerdas o repliegues vocales.* Cuando se emiten los fonemas, las cuerdas vocales pueden o no vibrar.

Si las cuerdas vocales no vibran, los fonemas se llaman sordos, como en el caso de las consonantes /p/, /f/, /k/. Cuando, por el contrario, los repliegues vocales vibran se llaman sonoros; tal es el caso de los fonemas /a/, /b/, /d/.

*Actividad de la cavidad nasal.* Si al producir sonidos, parte del aire pasa por la cavidad nasal, los sonidos se llaman nasales, estos son: /m/, /n/, /ñ/. Si todo el aire pasa por la cavidad bucal se llaman orales, como en el caso de los fonemas /f/, /e/, /s/.

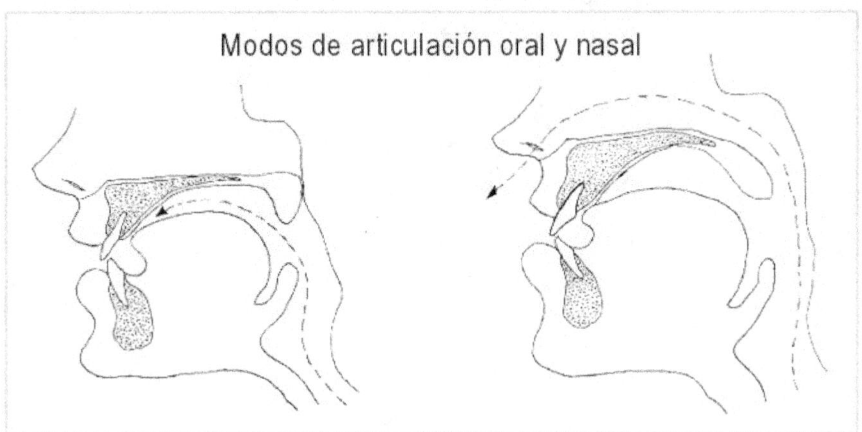

A continuación se muestran los rasgos motivados por el punto de articulación, por el modo de articulación, por la intervención de las cuerdas vocales y por la intervención de la cavidad nasal.

## Rasgos motivados por el punto de articulación

| Rasgo | Órganos | Ejemplos |
|---|---|---|
| Bilabial | Los dos labios cerrados o casi cerrados. | /p/, /b/, /m/ |
| Labiodental | Labio inferior en contacto con los dientes superiores. | /f/ |
| Interdental | Lengua entre los dientes. | /z/ |
| Dental | Lengua detrás de los dientes superiores, una constricción en los dientes anteriores. El uso más común de este término se refiere a sonidos que son apicales, es decir, que se pronuncian con la punta de la lengua en los dientes anteriores superiores y la encía inmediatamente atrás; el nombre más exacto de estos sonidos es "ápico-dentales". | /t/, /d/ |
| Alveolar | Lengua sobre la raíz de los dientes superiores. | /s/, /l/, /r/, /rr/, /n/ |
| Palatal | Lengua y paladar. | /ch/, /y/, /ll/, /ñ/ |

# Rasgos motivados por el modo de articulación

| Rasgo | Órganos | Ejemplos |
| --- | --- | --- |
| Oclusivo | Cierre total y momentáneo del paso del aire. | /p/, /b/, /t/, /d/, /k/, /g/, /n/, /m/ |
| Fricativo | Estrechamiento por donde pasa el aire rozando. | /f/, /z/, /j/, /s/ |
| Africado | Se produce una oclusión y después una fricación. | /ch/, /ñ/ |
| Lateral | El aire pasa rozando los lados de la cavidad bucal. | /l/, /ll/ |
| Vibrante | El aire hace vibrar la punta de la lengua al pasar. | /r/, /rr/ |

# Rasgos motivados por la intervención de las cuerdas vocales

| Rasgo | Órganos | Ejemplos |
| --- | --- | --- |
| Sordo | No vibran las cuerdas vocales. | /p/, /t/, /k/, /ch/, /z/, /s/, /j/, /f/ |
| Sonoro | Vibran las cuerdas vocales. | /b/, /z/, /d/, /l/, /r/, /rr/, /m/, /n/, /ll/, /y/, /g/ |

# Rasgos motivados por la intervención de la cavidad nasal

| Rasgo | Órganos | Ejemplos |
|---|---|---|
| Nasal | Parte del aire pasa por la cavidad nasal. | /m/, /n/, /ñ/ |
| Oral | Todo el aire pasa por la boca. | El resto |

| Listado de los rasgos de los fonemas consonantes | | | |
|---|---|---|---|
| /p/ - | bilabial, oclusivo, sordo | /ch/ - | palatal, africado, sordo |
| /b/ - | bilabial, oclusivo, sonoro | /r/ - | alveolar, vibrante, sonoro |
| /t/ - | dental, oclusivo, sordo | /rr/ - | alveolar, vibrante, sonoro |
| /d/ - | dental, oclusivo, sonoro | /l/ - | alveolar, lateral, sonoro |
| /k/ - | velar, oclusivo, sordo | /ll/ - | palatal, lateral, sonoro |
| /g/ - | velar, oclusivo, sonoro | /m/ - | bilabial, nasal, sonoro |
| /f/ - | labiodental, fricativo, sordo | /n/ - | alveolar, nasal, sonoro |
| /z/ - | interdental, fricativo, sordo | /ñ/ - | palatal, nasal, sonoro |
| /s/ - | alveolar, fricativo, sordo | /y/ - | fricativo, palatal, sonoro |
| /j/ - | velar, fricativo, sordo | | |

## Fonemas y letras

En nuestro idioma existen veinticuatro fonemas y veintinueve letras, no obstante, la correspondencia entre unos y otras no es total y se da como aparece a continuación:

| Fonemas | Representación |
|---------|---------------|
| /b/ | Letras B y V |
| /k/ | Letras K y C (delante de A, O, U) y Qu (delante de E, I) |
| /g/ | Letra G (delante de A, O, U) |
| /z/ | Letras Z y C (delante de E, I) |
| /j/ | Letras J y G (delante de E, I) |
| /r/ | Letra R (entre vocales) |
| /rr/ | Letra RR y R (a comienzo de palabra y detrás de consonante) |

Tomado de: roble.pntic.mec.es/msanto1/lengua/1sofolet.htm

| Cuadro de los fonemas consonantes | | | | | | | | | | | | | | |
| Bilabial | | Labiodental | | Interdental | | Dental | | Alveolar | | Palatal | | Velar | | |
| Sordo | Sonoro | Sordo | Sonoro | Sordo | Sonoro | Sordo | Sonoro | Sordo | Sonoro | Sordo | Sonoro | Sordo | Sonoro | |
| | b | | | | | t | D | | | | | k | g | Oclusivos |
| | | | | | | | | | | ch | | | | Africados |
| | | f | | Z | | | | S | | | Y | j | | Fricativos |
| | | | | | | | | | L | | ll | | | Laterales |
| | | | | | | | | | r, rr | | | | | Vibrantes |
| | m | | | | | | | | n | | ñ | | | Nasales |

# EJERCICIOS CORRECTIVOS DE LA DISLALIA FUNCIONAL

En primera instancia es necesario visualizar los órganos articulatorios con el fin de poder enfatizar con el niño en los puntos y modos de articulación. Ello implica exagerar las formas correctas de pronunciar cada fonema para que el niño "copie" y/o "reproduzca" el modelo que se le proporcione.

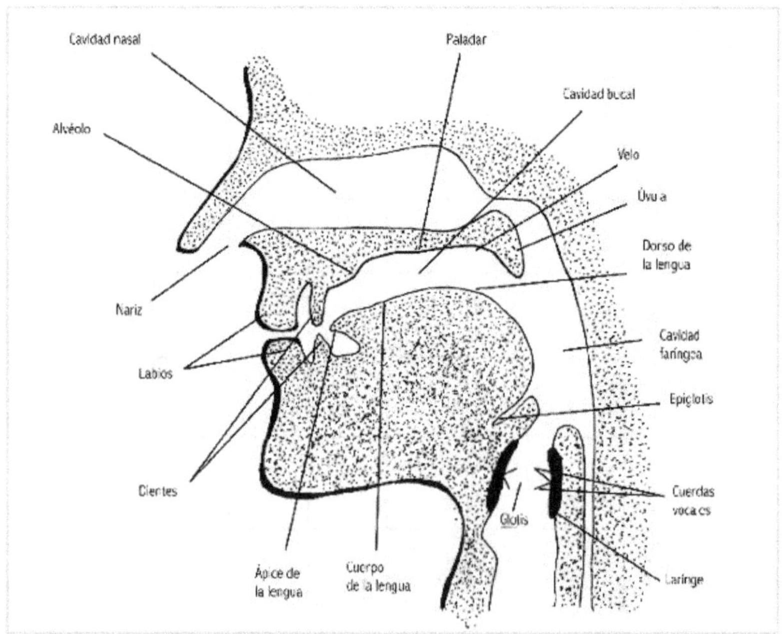

En segundo término, es preciso realizar una revisión en cuanto a los principales errores articulatorios presentados por los niños.

El paso a seguir consiste en realizar la intervención del fonema afectado.

A continuación se explica cada fonema que existe en español y la forma de tratar la incorrecta articulación (pronunciación).

Es importante tener en cuenta que, debido a que lo importante es poder corregir el defecto articulatorio que se encuentre, resulta imprescindible describir el punto y el modo articulatorios para lograrlo correctamente.

Al principio resulta complicado realizar los movimientos requeridos para conseguir una correcta articulación, ya que como adultos los realizamos automáticamente, al leer la descripción de la forma como se articula cada fonema, puede resultar complejo entender aquello que se tiene "automatizado", por decirlo de algún modo.

Finalmente, resulta pertinente manifestar que el proceso de corrección de los defectos articulatorios es dispendioso, que requiere de mucha paciencia y que debe realizarse por aproximaciones sucesivas, es decir, por "etapas" hasta llegar a lograr la correcta articulación.

Inicialmente se presentan las vocales y posteriormente las consonantes desde las bilabiales /m/ hasta las guturales /k/, /g/, /j/

## FONEMA /a/

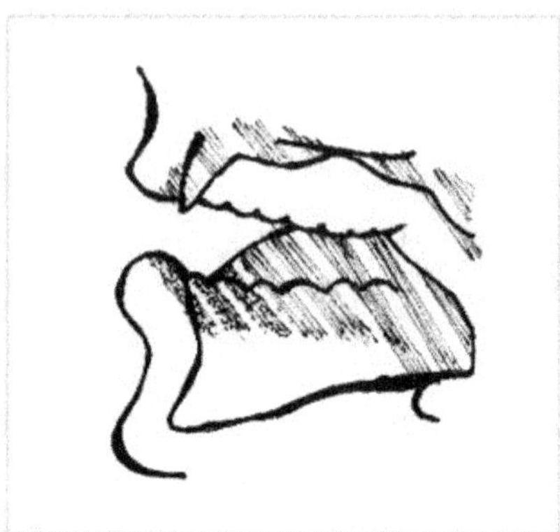

- Características: vocal media abierta.

- Punto y modo articulatorios

  - Los labios están separados y al articular el fonema, siguen el movimiento de los maxilares.

  - Los dientes también están separados, pues la boca se encuentra muy abierta.

  - La lengua se encuentra extendida en el piso de la boca; la punta está detrás de los incisivos inferiores, pero más baja que su borde libre; los bordes tocan los maxilares inferiores y el dorso un poco más elevado en la parte media. Así, el punto de articulación medio.

  - Velo: levantado. Glotis sonora. Resonancia en la caja torácica.

- Dificultad articulatoria y corrección

  - La primera forma de dislalia funcional se produce cuando el niño arquea la lengua bien sea en el segmento anterior, en la parte media o en el segmento posterior; esto ocasiona que se escuche un fonema vocálico /ea/ cuando la articulación es en el segmento anterior o un fonema vocálico /ao/ cuando la articulación es en el segmento posterior.

La corrección de este defecto articulatorio se realiza, primero proporcionando el modelo correcto y, adicionalmente y como apoyo con la ayuda de un espejo para hacer observar al niño la forma y el sitio, cómo y dónde debe colocar la lengua y la manera de emitir el sonido. En razón a que la dislalia ocurre por la elevación de la lengua, es necesario hacer uso de un bajalenguas para bajar el segmento de la lengua del niño que inadecuadamente esté interviniendo en la articulación de la /a/.

- El segundo caso de dislalia funcional tiene que ver más con la emisión y se nota cuando la /a/ se emite con voz de «falsete» (exageradamente aguda), por lo que es necesario hacer notar al niño que la resonancia de la /a/ se encuentra en el pecho y que luego de una inspiración normal se consigue emitir el fonema vocálico en cuestión bajo un sonido grave que puede prolongarse. Seguidamente la /a/ puede adicionarse previa o posteriormente a consonantes, variando el tiempo de emisión; por ejemplo; ma... am...

- Una tercera forma de dislalia funcional se aprecia cuando el niño no eleva el velo y hay nasalización, en este caso se deben realizar ejercicios de respiración nasal consistentes, específicamente en tapar las fosas nasales al emitir la vocal /a/ e irla asociando, es decir, emitirla entes y después de las consonantes prolongando el tiempo de emisión, por ejemplo: ba...ab...; ma... am...; sa... as...; etc.

# FONEMA /o/

- Características: posterior, semiabierta, redondeada.

  Los maxilares están un poco más juntos que para la /a/.

- Punto y modo articulatorios

  - La lengua se encuentra recogida hacia el fondo de la boca; su punta toca la protuberancia de los incisivos inferiores y el dorso está elevado hacia el paladar reduciendo el canal para el paso del aire. El velo alcanza su máxima elevación y la glotis se torna sonora.

  - Los labios se aproximan y avanzan dejando una apertura ovalada.

  - Los dientes también están separados, pues la boca se encuentra muy abierta.

  - La lengua se encuentra extendida en el piso de la boca; su punta está detrás de los incisivos inferiores, pero más baja que su borde libre; los bordes tocan los maxilares inferiores y el dorso un poco más elevado en la parte media. Así, el punto de articulación es medio.

  - El velo está levantado y la glotis resulta sonora. La resonancia se ubica en la caja torácica.

- Dificultad articulatoria y corrección

    - Una primera dificultad se nota cuando la boca está demasiado abierta o la lengua no retrocede hacia la faringe, de tal modo la /o/ se parece a la /a/. En este caso, la corrección debe realizarse ante el espejo, para que el niño imite la posición tipo; es fundamental evitar toda exageración de los movimientos maxilares, prestando especial atención al avance y redondeamiento de los labios así como a la posición de la lengua, la cual debe empujarse con el bajalenguas hacia el interior, procurando que levante el dorso. De tal modo se hace que el niño emita el sonido una vez haya logrado la posición.

    - Una segunda dificultad se observa cuando la punta de la lengua toca los incisivos inferiores, pero se levanta en la parte media y no en la posterior, tocando la arcada dental en los últimos molares, es decir, que la emisión se asemeja a una /e/. Por tanto, la corrección se logra simplemente haciendo que el niño intente la posición tipo, presionando con el bajalenguas el centro de la lengua hacia abajo y atrás suavemente, seguidamente se pide al niño que emita la vocal.

# FONEMA /e/

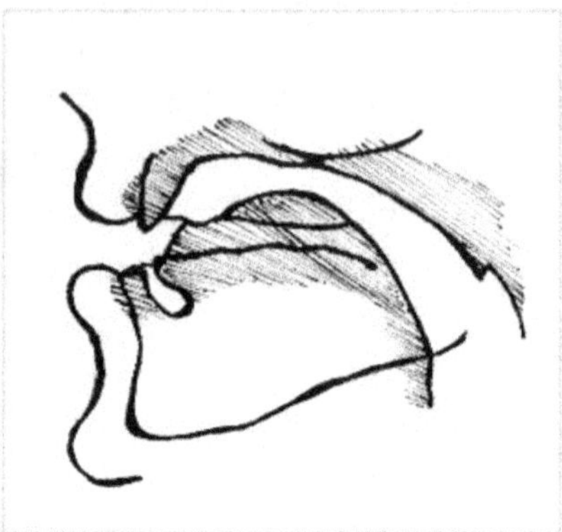

- Características: vocal, anterior, medio-cerrada.

- Modo y tipo articulatorios

    - Los labios deben estar entreabiertos permitiendo ver los dientes y la lengua; por tanto las comisuras están separadas.

    - Los dientes aparecen separados, en distinto plano vertical, de manera que los inferiores se vean un poco más adelantados.

    - La punta de la lengua se coloca detrás de los incisivos inferiores y se apoya, relajada, en la cara interna de estos. Los bordes se elevan y tocan el paladar. Entre el paladar y la lengua queda un canal amplio. La lengua desciende en su base.

    - El velo aparece levantado y la glotis se torna sonora.

- Dificultad articulatoria y corrección

    - Un tipo de dificultad ocurre cuando la /e/ se cambia por /a/ cuando la lengua, en su base, desciende demasiado sin tocar el paladar en los puntos indicados. Ante este error, lo pertinente es que el niño observe en el espejo la posición tipo y se le ayude con el bajalenguas a colocar la lengua; a continuación se le pide que articule repetidamente y en el siguiente orden los fonemas vocálicos /i/, /e/, /a/. También resulta oportuno hacer que el niño muerda un palito de colombina o un lápiz a fin de que no se abra la boca al emitir la vocal.

- Otra dificultad se presenta cuando la lengua se eleva demasiado estrechando el canal de paso de aire, de modo que se emite una /i/. Para corregir, se apoya el bajalenguas en medio de la lengua para así ensanchar el canal de paso de aire; entonces se hace que el niño articule la /a/ y al colocar el bajalenguas sobre la lengua, que articule la /e/.

- Un tercer error sucede cuando la /e/ se nasaliza por descenso del velo; para ello se pueden realizar ejercicios obstruyendo alternamente las fosas nasales y luego obstruyendo y destapando las dos para que el niño note la diferencia del sonido al nasalizar y dejar de hacerlo.

# FONEMA /i/

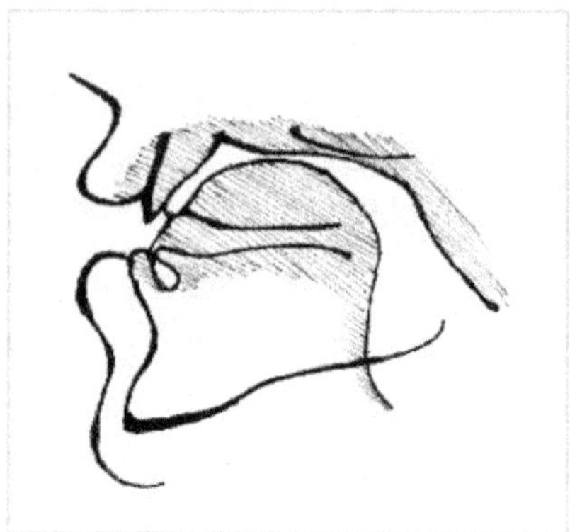

- Características: vocal anterior cerrada.

- Modo y tipo articulatorios

  - Los labios presentan una abertura alargada y las comisuras se notan un poco retiradas hacia atrás.

  - Las arcadas dentarias superior e inferior se encuentran muy próximas pero sin tocarse y se sitúan en distinto plano vertical, de modo que la arcada inferior sobresale un poco de la superior.

  - La lengua va apoyada con fuerza en la cara posterior de los incisivos inferiores y fuertemente arqueada, hasta tocar con su dorso el paladar óseo en ambos lados, dejando en el centro un canal relativamente estrecho. La estrechez del canal hace que el aire sonoro comunique al paladar óseo vibraciones muy fuertes sensibles al tacto en el mentón y regiones temporales.

  - El velo debe estar levantado y la glotis se presenta sonora.

- Dificultad articulatoria y corrección

  - Una primera dificultad se nota cuando se asemeja a una

/e/ debido a una excesiva separación bien sea de las arcadas dentales o de los labios; esto ocurre debido a que la punta de la lengua no se sobrepone con energía contra la cara posterior de los incisivos inferiores; o si los bordes de la lengua no tocan el paladar en los puntos indicados. Para corregir, se acude a señalar al niño, frente al espejo, la posición correcta. En caso de notar que el defecto ocurre por dureza labial, se deben realizar ejercicios de flexibilidad y posteriormente, colocar la lengua contra los incisivos inferiores con fuerza, emitiendo y sin emitir sonido, luego empujar la lengua con el bajalenguas para que se arquee y ascienda.

- La segunda dificultad tiene que ver con la emisión de /i/ de falsete ya que el niño exhala el aire con mucha rapidez sin permitir que las cuerdas vocales vibren adecuadamente de modo que la resonancia exagerada hace predominar un sonido agudo. Para corregir, se pide al niño que coloque sus dos manos sobre la cabeza y emita la vocal para que permita las vibraciones, también se puede sujetar la nuez con los dedos para evitar que ascienda excesivamente.

# FONEMA /u/

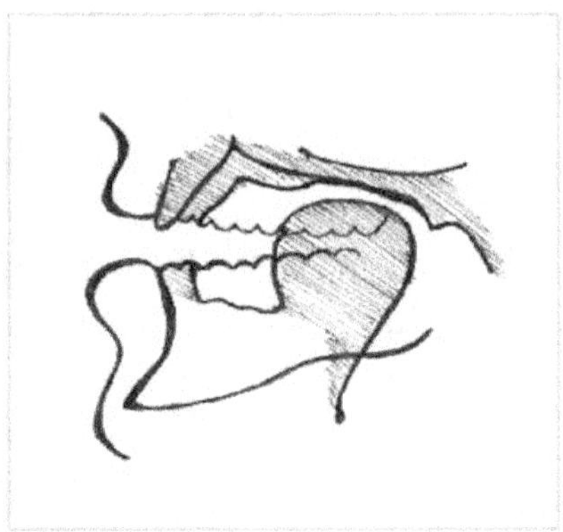

- Características: vocal posterior, cerrada, redondeada.

- Modo y tipo articulatorios

  - Los labios deben estar más juntos que para emitir la /o/, notándose una abertura ovalada, bastante pequeña. Luego avanzan, separándose de la cara anterior de los dientes, que no se ven, así alcanzan casi el máximo de prolongación adelante.

  - La lengua se coloca detrás de los incisivos inferiores, pero separada de ellos, se retira hacia el fondo de la boca, estrechando más el canal de paso. No es visible.

  - El velo va levantado y la glotis se torna sonora.

- Dificultad articulatoria y corrección

  - Una dificultad se observa cuando la abertura labial es excesiva por falta de presión y proyección de los labios hacia adelante, igualmente la lengua no es llevada hacia atrás lo suficiente. La corrección se realiza colocando al niño frente al espejo para que preste atención a la posición tipo. Posteriormente se le pide que emita la /u/ frente a una tirilla de papel de seda o de papel higiénico para que note que ésta se mueve con la corriente de aire, lo que no sucede ni al emitir la /a/ ni al emitir la /o/. Seguidamente se le ayuda con el bajalenguas a que coloque la lengua hacia atrás hasta cuando alcance la posición correcta.

- Existe otra dificultad en la cual la /u/ se emite nasalizada por falta de elevación del velo. Ante esto, se deben realizar ejercicios respiratorios, consistentes en la emisión después de una inspiración profunda y/o asociándola a consonantes explosivas.

# FONEMA /m/

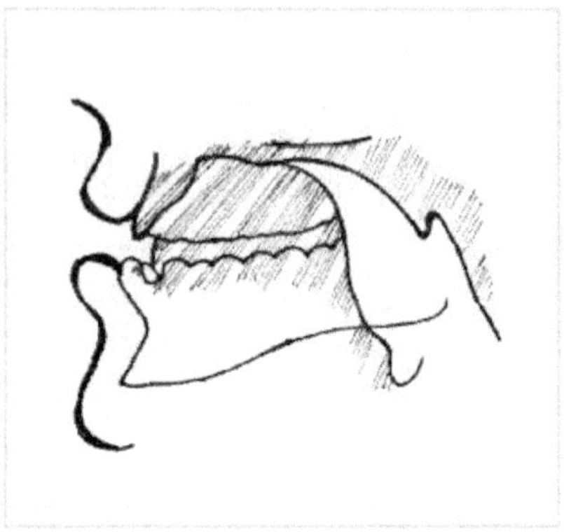

- Características: bilabial, oclusivo, sonoro, nasal.

- Modo y tipo articulatorios

    - Los labios van unidos sin hacer contracción (como ocurre en la /p/); es decir, que la tensión muscular es media.

    - Los dientes deben estar casi juntos teniendo en cuenta que los incisivos inferiores deben ir detrás de los superiores.

    - La punta de la lengua se coloca detrás de los incisivos inferiores y el resto va extendida en el piso de la boca.

    - El velo desciende dejando paso al aire sonoro por la nariz. Para notarlo basta con apoyar suavemente el dedo índice sobre el ala de la nariz y así percibir las vibraciones.

    - La glotis se torna sonora. Y la resonancia es nasal.

- Dificultad articulatoria y corrección

    - Una falla articulatoria se nota cuando los labios se entre-abren en el momento de comenzar la articulación, dejando salir parte o todo el aire, de manera que se emite /b/ en lugar de /m/. En tal caso, la corrección se realiza a través de ejercicios respiratorios nasales de inspiración y espiración, haciéndole notar al niño la mayor persistencia oclusiva de la /m/ en cuanto a la /b/. En caso que el niño pronuncie correctamente el fonema /n/, entonces resulta procedente hacerle articular alternativamente la siguiente serie de sílabas: na-ma, ne-me, ni-mi, no-mo, nu-mu, alternativamente, o ana, ama, ona, oma, ena, ema, ina, ima, una, uma, pasando luego de /n/ a /m/ y prolongando el sonido nasal. Hay que hacer notar que para pasar de /n/ a /m/ tan sólo se requiere unir los labios, aunque la posición de la lengua debe cambiar.

En el caso de que el niño no articule correctamente ningún fonema nasal, entonces es preciso indicarle la posición, la sonoridad y el soplo nasal antes de la articulación (en cuanto empieza la sonoridad). Otro ejercicio que resulta útil es soplar una vela o trozos de papel con salida de aire nasal; la actividad consiste en realizar una inspiración nasal, lenta, regular, profunda, seguida de emisión de /a/ prolongada y aproximando los maxilares lenta y progresivamente hasta unir los labios, momento en que se convertirá en /m/. En esta posición resulta conveniente estirar los labios hacia los lados, con los dedos índice y pulgar.

- Otra falla articulatoria se sucede por la obstrucción de las vías nasales debido a gripa o a pólipos. En esta situación, la corriente de aire sale por la boca y la /m/ se transforma en /b/ o en /p/, la corrección se realiza luego que haya una solución médica (que se haya atacado el resfriado o que se haya intervenido quirúrgicamente el pólipo) y consiste en hacer que el niño efectúe ejercicios respiratorios que devuelvan el hábito respiratorio nasal. Luego se ejecutan los mismos ejercicios sugeridos para la falla articulatoria anterior.

# FONEMA /b/

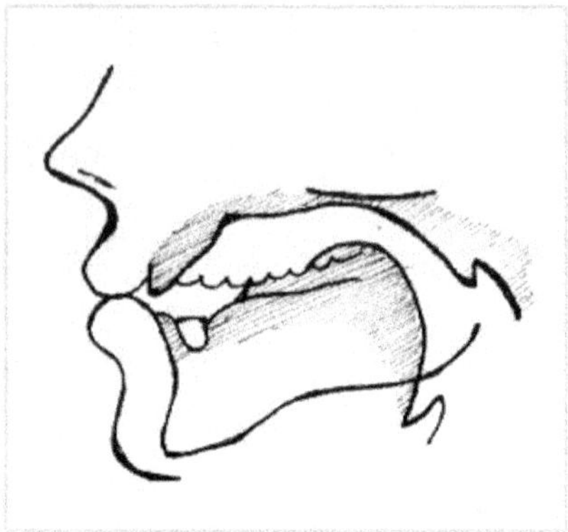

- Características: bilabial, oclusiva (fricativa), sonora, bucal.

- Modo y tipo articulatorios

    - Los labios se encuentran un tanto contraídos y ligeramente separados en la región central; la tensión muscular labial es débil, en tanto que el aire espirado sonoro provoca en los labios un leve temblor, que puede percibirse tocando con el dedo índice, en posición horizontal, el borde del labio inferior.

    - Los dientes se encuentran un poco separados y no son visibles.

    - La punta de la lengua está detrás de los incisivos inferiores y el resto en el suelo de la boca, ligeramente arqueada.

    - El velo aparece levantado y la glotis se torna sonora.

- Defectos y corrección

    - Un defecto articulatorio frecuente puede observarse cuando el fonema /b/ se convierte en /p/ debido a que se emite sin vibraciones laríngeas, ante lo cual la corrección consiste en sugerir al niño que coloque una de sus manos sobre la zona laríngea para que perciba por tacto la vibración, y, posteriormente pedirle que emita el fonema /a/ cerrando lentamente su boca hasta cuando se convierta en /b/. Otro ejercicio correctivo consiste en hacerle notar la diferencia en la salida de aire que se produce al emitir la /b/, en contraste con la /p/, emitiéndolas frente a la llama de una vela o sobre el dorso de la mano.

- La nasalización es otro de los defectos articulatorios; en este caso, la /b/ se convierte en /m/. La corrección se realiza pidiendo al niño que ejecute ejercicios de voz nasal opuestos a /b/ con cierre de los orificios nasales de modo que no haya salida de aire nasal.

- Finalmente se encuentra un tercer caso de dificultad articulatoria en el cual la /b/ se emite soplada pues no hay retención del aire, obteniéndose una articulación sin la debida presión. La corrección se logra haciendo que el niño note por tacto la vibración y la presión que deben sucederse en la emisión de la /b/ y que se perciben sobre el labio inferior.

# FONEMA /p/

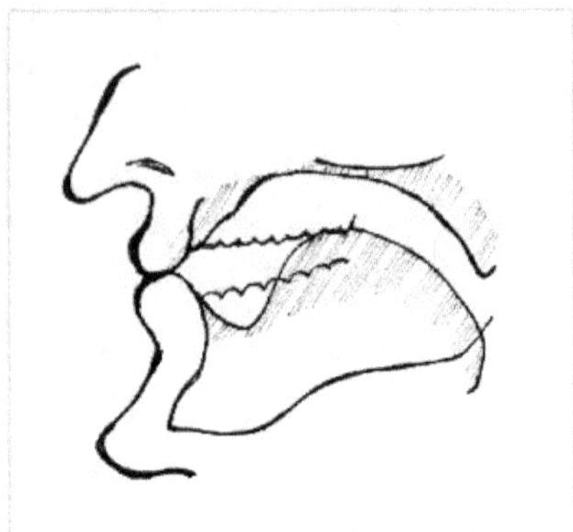

- Características: bilabial, oclusiva, sorda, bucal.

- Modo y tipo articulatorios

    - Los labios deben estar juntos y un poco encogidos o arrugados y se separan ligeramente en su centro en el momento de la oclusión.

    - Los dientes están un tanto separados, pero no visibles.

    - La lengua no debe tener movimiento alguno y la punta debe estar detrás de los incisivos inferiores.

    - El velo permanece levantado para que el aire salga totalmente por la boca.

    - La glotis no produce sonido y no hay vibración faríngea.

- Defectos y corrección

    - Una falla articulatoria se produce cuando la /p/ se emite como una /b/ insonora, esto debido a que los labios, por encontrarse entreabiertos, permiten la salida continua de aire, lo que hace que el fonema cambie de oclusivo a fricativo. La corrección se logra haciendo que el niño observe en el espejo la posición tipo correcta y la imite, de igual forma se le debe hacer que perciba la salida brusca del aire. También es procedente que realice inspiraciones nasales con la boca cerrada en posición de /p/.

- Otro defecto articulatorio ocurre cuando el velo cae y se presenta nasalización. La corrección se consigue haciendo que el niño ejecute ejercicios de respiración mediante los cuales compruebe que no sale aire por la nariz.

- Una tercera falla articulatoria se presenta por exagerar la presión labial, lo que se subsana colocando al niño frente al espejo para que observe la contracción correcta de los labios.

# FONEMA /n/

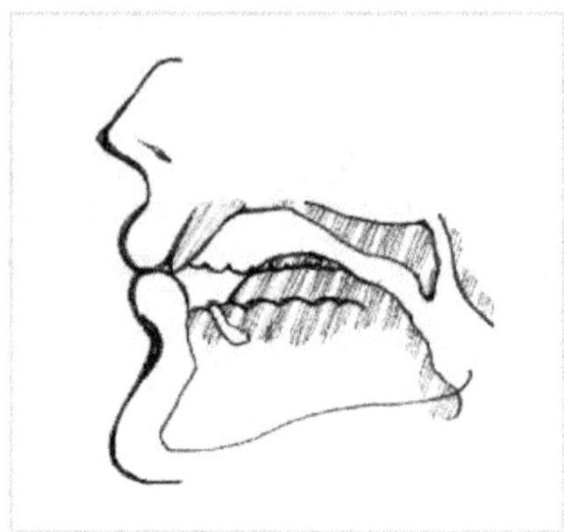

- Características: alveolar, oclusiva, sonora, nasal.

- Modo y tipo articulatorios

  - Los labios están entreabiertos (con la lengua levantada hacia el paladar).

  - Los dientes se encuentran un poco separados y en distinto plano vertical (la arcada dental inferior levemente detrás de la superior).

  - La punta de la lengua está levantada y apoyada en los incisivos superiores, los bordes tocan los molares impidiendo la salida lateral del aire por la boca y el dorso toca una pequeña parte del paladar.

  - El velo aparece descendido de modo que el aire se acumula entre la lengua y el paladar, saliendo por la nariz. La glotis se torna sonora.

- Defectos y corrección

  - Una falla se nota cuando la /n/ se convierte en /l/ por escape de aire por la abertura lateral, lo que se consigue corregir realizando ejercicios de voz nasal.

- Otro defecto se constituye cuando todo el aire se escapa por la boca debido a la elevación del velo, de modo que la /n/ se transforma en /t/. Para enmendar este defecto es preciso que el niño realice ejercicios de voz nasal frente al espejo, para que note la salida de aire y sonorización, adicionalmente se pide al niño que apoye su dedo índice sobre el ala de su nariz para que así perciba las vibraciones.

# FONEMA /t/

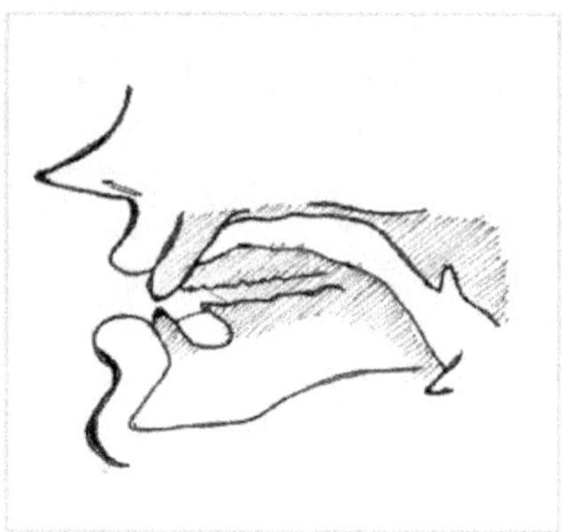

- Características: dental, oclusiva, sorda, bucal.

- Modo y tipo articulatorios

    - Los labios debe estar entreabiertos.

    - Las arcadas dentales un poco separadas, es decir, los incisivos inferiores se encuentran detrás de los superiores.

    - La punta de la lengua levantada se apoya en la cara interna de los incisivos superiores impidiendo la salida de aire, asimismo toca con sus bordes las dos arcadas a la vez.

    - El velo se presenta levantado y la glotis se torna muda.

- Defectos y corrección

    - Una falla consiste en modificar la /t/ por /d/ de modo que se sonoriza y se sitúa la punta de la lengua en el borde de los incisivos superiores. La corrección se logra haciendo que el niño observe en el espejo el modelo que se le da, en el cual la lengua se apoya detrás de los incisivos superiores y se hace ver la forma explosiva de salir el aire sin vibraciones laríngeas. Igualmente se le pide que emita alternamente la

/t/ y la /d/ para que encuentre y resalte la diferencia entre los dos fonemas.

- Otro error común se nota cuando la /t/ se emite incorrectamente de modo que, por decirlo de algún modo, se le "desfigura" debido a una presión exagerada o por apoyo más alto de la lengua. Ante esta situación lo debido es emplear el bajalenguas para corregir la posición de la punta de la lengua y presentar al niño el modelo del correcto movimiento de la lengua articulando la /t/ seguida de las vocales.

# FONEMA /d/

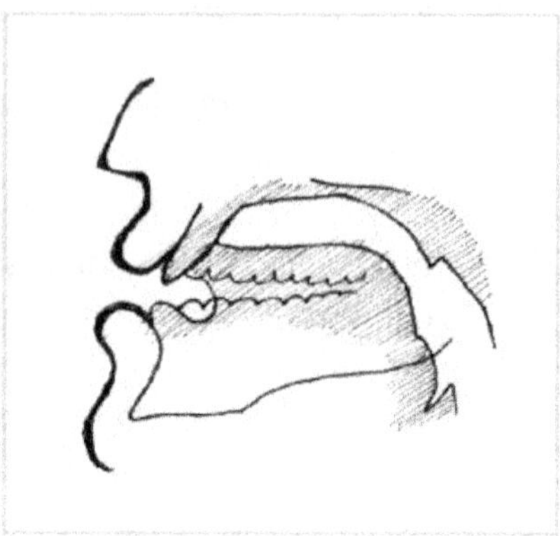

- Características: interdental, fricativa, sonora, bucal.

- Modo y tipo articulatorios

    - Los labios deben estar entreabiertos, permitiendo ver los dientes y la punta de la lengua.

    - Las arcadas dentales se encuentran un tanto más separadas que para la emisión de la /t/, de modo que la distancia la proporciona el espesor de la lengua.

    - La lengua se coloca entre las arcadas dentales ejerciendo presión sobre la superior. Así, el fonema es visible.

    - El velo aparece levantado y la glotis se torna sonora.

- Defectos y corrección

    - Un error se nota cuando la /d/ se emite insonoro, semejándose a la /t/ o a la /z/. Para lograr enmendar la falla, es preciso que el niño note la vibración laríngea. Resulta oportuno hacerle emitir de manera alterna la /t/ y la /d/ frente a la llama de una vela o frente a una tira de papel de seda o de papel higiénico para que observe y/o perciba la diferencia entre los dos fonemas. Otros ejercicios consisten en observar la posición correcta presentándole el modelo en el espejo y articulando las vocales (una por una) seguidas de la /d/ así: a-da-d; o-do-d y así sucesivamente.

- Otro error se genera cuando la /d/ se emite como /n/, lo que sucede al levantar la parte media de la lengua produciéndose nasalización, y se corrige como ya se ha explicado para los casos de nasalización. Adicionalmente se debe procurar que el niño perciba la salida de aire y las vibraciones.

# FONEMA /f/

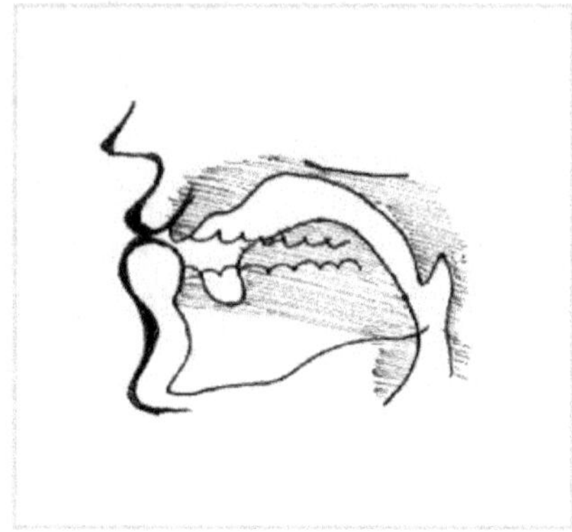

- Características: labiodental, fricativa, sorda, bucal.

- Modo y tipo articulatorios

    - El labio superior se levanta y deja ver los incisivos superiores en tanto que el inferior se repliega bajo los dientes superiores y toca con la parte inferior de su borde, el filo de los incisivos.

    - Los dientes incisivos inferiores quedan ocultos por el labio inferior. Por ende, el aire sale entre el borde de los superiores y los inferiores, por el centro.

    - La punta de la lengua se coloca detrás de los incisivos inferiores quedando levantada en sus bordes y base haciendo un surco central. Toca los molares superiores y un poco el paladar.

    - El velo se eleva y la glotis se torna muda.

- Defectos y corrección

    - Un error común se nota cuando la /f/ se modifica en /v/, pues el niño apoya el labio superior en los incisivos inferiores, por desplazamiento hacia adelante del maxilar inferior.

La corrección se logra proporcionándole al niño la posición correcta en el espejo y pidiéndole que realice imitaciones hasta cuando logre la posición adecuada. A manera de apoyo se le puede hacer notar la ausencia de vibraciones y se le pide que emita alternamente la /f/ y la /v/ con el objeto de diferenciar las posiciones articulatorias así como el paso de sorda a sonora.

- Otra falla podría denominarse como la emisión de una /f/ "esparcida" o "extendida" en donde la lengua arqueada toca con sus bordes el arco dental superior y, a pesar de que los dientes y los labios están en posición correcta, se emite un fonema parecido a la /s/ o entre la /f/ y la /s/. La corrección se logra proporcionándole al niño el tipo y modo articulatorios correctos frente al espejo para que los imite sin articularlos. Luego se le pide que de manera alterna emita la /f y luego la /v/. También puede pedírsele que ejecute ejercicios de soplo.

## FONEMA /ch/

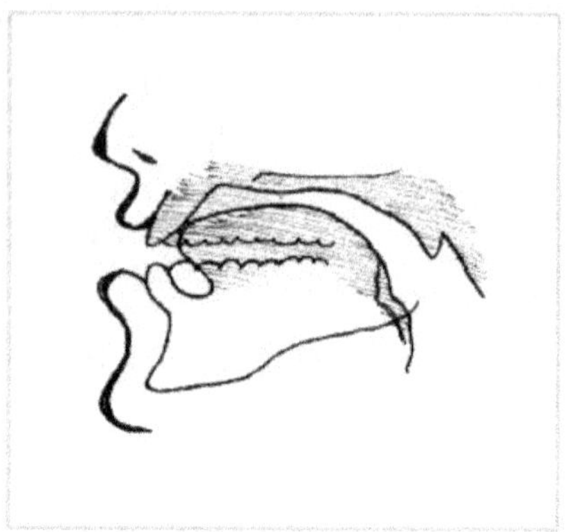

- Características: palatal, africada, sorda, bucal.

- Modo y tipo articulatorios

  - Los labios avanzan separándose entre sí y de la cara anterior de los dientes; permiten ver los incisivos superiores e inferiores.

  - Las arcadas dentales aparecen en un mismo plano vertical con una separación de uno a dos milímetros.

  - La parte anterior de la lengua está convexa, se apoya en el paladar y en las protuberancias alveolares de los incisivos; la punta queda libre y suspendida entre los incisivos superiores y los inferiores. Los bordes descansan sobre los molares y la parte del dorso sobrepuesta al paladar, cierra un instante la salida de aire.

  - El velo se levanta y la glotis se torna muda.

- Defectos y corrección

  - Un error común de articulación se observa cuando hay sustitución de /s/ por /c/ aunque también se da a la inversa y esto se debe a que la punta de la lengua se coloca detrás de los incisivos sin apoyar el dorso en el paladar; de tal modo, los incisivos inferiores al estar detrás de los superiores, sustituyen la «ch» por la «s». La corrección se logra haciendo que el niño articule la /s/ muy fuerte.

- Otro defecto se nota cuando la lengua se coloca cerca del paladar pero sin establecer contacto; así, aún cuando los incisivos superiores e inferiores se encuentren en el mismo plano, se produce la articulación de un fonema entre /ch/, /s/ y /f/. Para lograr la corrección es preciso hacer que el niño note que los dientes se sitúan en el mismo plano vertical, luego se le pide articular la /ch/ y la /s/ para que note que los labios avanzan al pasar del primer fonema al segundo. También resulta pertinente hacer notar sobre el dorso de la mano del niño la salida del aire, distinta en la articulación alternada de ambos fonemas; por tanto, cuando se articula la /s/, la corriente de aire es fría, continua, suave y silbante, mientras que al articular la /ch/, la corriente es violenta y caliente. Con la punta del bajalenguas se puede señalar el punto de contacto de la lengua con el paladar para pedir que el niño imite el tipo y modo articulatorios sin pronunciar el fonema.

# FONEMA /s/

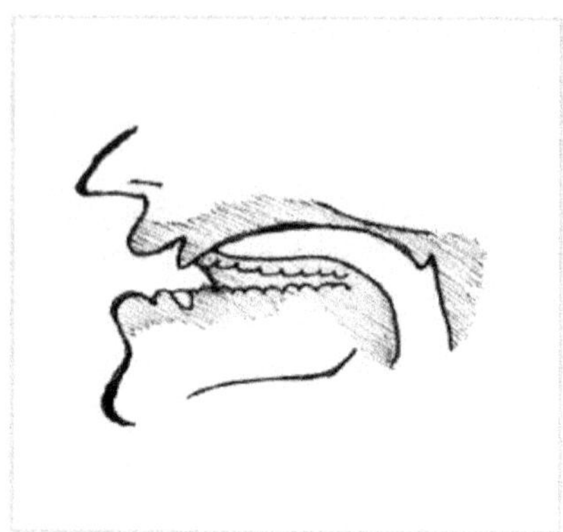

- Características: fricativa, dental, sorda, bucal.

- Modo y tipo articulatorios

  - Los labios aparecen entreabiertos, con las comisuras hacia atrás permitiendo ver los dientes.

  - Las arcadas dentales se encuentran levemente separadas y el maxilar inferior se proyecta someramente.

  - La lengua debe estar arqueada, con la punta apoyada detrás de los incisivos inferiores, la parte anterior levantada tocando los bordes de los molares superiores y el dorso contacta con ambos lados de la línea media del paladar, acentuando el surco central que forma con el paladar un canal estrecho por donde pasa la corriente del aire.

  - El velo está levantado y la glotis se torna muda.

  - El aire sale rozando con fuerza el borde de los incisivos, produciendo un silbido característico.

- Defectos y corrección

  - Los defectos de articulación de la /s/ se dan con mucha frecuencia y se denominan sigmatismos.

Generalmente, en la dislalia funcional, se generan por una errada posición de la lengua durante la articulación o por una falsa posición de los dientes o de los labios.

El tratamiento del sigmatismo suele ser siempre satisfactorio, pues este defecto se corrige en muy poco tiempo.

- El sigmatismo interdental es el más frecuente. En este defecto la punta de la lengua se introduce entre los incisivos, resultando el sonido /z/. Este sigmatismo es normal o hace parte de la evolución cuando se caen los incisivos de la primera dentición.

En ocasiones, el sigmatismo interdental se produce al darse una respiración bucal constante por existir algún obstáculo en la respiración nasal, lo que hace que el niño tienda a tener la lengua continuamente afuera.

- En el sigmatismo dental la lengua se apoya fuertemente contra los alvéolos inferiores, impidiendo que se forme el canal medio; en este caso, el aire sale extendido entre los dientes. Si la punta de la lengua se apoya en los alvéolos superiores, se produce el sonido /t/.

- El sigmatismo labiodental, que aparece con escasa frecuencia, es producido al dar salida al aire entre el labio inferior y los incisivos superiores, resultando una articulación semejante a la /f/.

- El sigmatismo labial es el producido al proyectar hacia adelante ambos labios. El aire espirado penetra en el espacio que queda entre los dientes y los labios y produce un sonido que parece una mezcla entre /f/ y /ch/.

- El sigmatismo palatal se presenta cuando la punta de la lengua se lleva hacia atrás, aproximándose al paladar duro. La /s/ palatal que así se obtiene se parece al sonido /ch/.

- El sigmatismo lateral se produce al elevarse solo la lengua por un lado, dirigiéndose entonces la corriente de aire espirado hacia el lado opuesto, saliendo entre los caninos y los premolares para chocar contra la mejilla. El lado de la boca por donde se escapa el aire es retirado hacia atrás. Si se frota con el dedo la mejilla del lado por donde sale el aire, se produce una interrupción del sonido.

- También puede darse el caso que, apoyando la lengua en las protuberancias de los incisivos superiores, sus bordes no toquen los molares, dejando escapar el aire lateralmente, sustituyendo la /s/ por la /l/. Así como en los casos anteriores el sigmatismo es producido por una colocación defectuosa de la lengua, los labios o los dientes.

- El sigmatismo nasal es provocado por una función anormal del velo del paladar. La oclusión del velo del paladar debe ser perfecta en los sonidos silbantes, pues la menor disminución de la misma, se traduce en una perturbación de estos sonidos, al dejar salir parte del aire por las fosas nasales.

- Para lograr una correcta articulación del fonema /s/, y, a manera de estimulación previa, son de gran utilidad todos los ejercicios de soplo, así como los de agilización de la lengua, cuya posición defectuosa es en muchos casos la causante del sigmatismo.

- Ahora bien, para iniciar al niño en la nueva articulación, es preciso proporcionarle, frente al espejo, el tipo y modo articulatorios correctos; esta posición puede ser lograda con la ayuda del bajalenguas, principalmente en el sigmatismo interdental, caso en el cual se puede colocar la punta del bajalenguas entre los dientes, de forma que obligue a la lengua, que ha de quedar debajo, a apoyarse tras los incisivos inferiores, pidiendo entonces al niño que expulse el aire por la abertura de los dientes en su parte central. También se puede ayudar con la mano a la extensión de los labios, ya que las comisuras han de estar algo retiradas hacia los lados. Si con el uso del bajalenguas se encuentra alguna dificultad, en este caso puede ser sustituido por dos palillos que se sitúan entre los incisivos y los caninos y que, cruzándose dentro de la boca, mantienen la lengua bajo ellos en la posición adecuada. Si se consigue una buena articulación por medio del bajalenguas o de los palillos, es preciso entonces seguir utilizándolos repetidas veces hasta cuando se logre la mecanización de la postura correcta y se pueda conseguir sin ayuda.

- Otra forma de conseguir la /s/ puede ser a partir del sonido auxiliar /f/. Se le hace articular éste, que tiene una posición de lengua semejante y el aire se concentra en la línea media. En este momento, se tira del labio inferior hacia abajo, quedando de esta forma los incisivos unos sobre los otros, produciendo así la /s/.

- También se puede articular una /i/ susurrada, cada vez más débil, hasta que acaba sonando como /s/.

- En el sigmatismo lateral se puede hacer soplar al niño con la punta de la lengua ligeramente sacada, resbalando el aire a lo largo de la línea media de la misma. Después, se le hace retirar la punta de la lengua detrás de los incisivos inferiores, mientras sigue saliendo el aire, a la vez que se unen los dientes, unos sobre otros y se consigue el sonido deseado.

Otro procedimiento a utilizar en el sigmatismo lateral será oprimir las mejillas, apretándolas contra los molares para impedir la salida lateral del aire, que es dirigido así hacia los incisivos.

- En el sigmatismo nasal será conveniente taparle la nariz durante la articulación, para que el aire se vea obligado a salir por la boca.

Colocándole un pequeño espejo bajo las fosas nasales, se le puede hacer ver la diferencia entre la salida o no salida del aire por las mismas, observando cuando éste se empañe o quede transparente.

Esta observación puede servir para la corrección de cualquier fonema nasalizado.

- En el sigmatismo palatal, en que el sonido de la /s/ es sustituido por el de la /ch/, además de enseñar al niño la postura correcta y tratar de conseguirla, ayudándole si es preciso con el depresor o los palillos, es conveniente hacerle notar, sobre el dorso de su mano, la diferente forma en que se da la salida del aire en uno y otro fonema.

- A continuación se presenta un práctico ejercicio consistente en la lectura de un cuento mediante el cual se busca corregir la dislalia funcional del fonema /s/. Lo importante es que el niño establezca la relación entre el grafema S y el fonema /s/, por tanto,  no se tienen en cuenta ni el fonema /c/ seguido de /e y de /i/, ni el fonema /z/.

En **negrilla** aparece el fonema /s/ en diferentes posiciones; en *itálica*, ciertas instrucciones y en <u>subrrayado</u> algunos de los ejercicios a realizar.

# Los tres marranitos y el lobo saturnino

**Érase** una vez que **se** eran **tres marranitos llamados Sátiro, Sansón** y **Sesudo**, que vivían **felices** en **casa** de **sus papás**, junto a un arroyo. Pero, como ya **se** hacían **mayores**, decidieron **marcharse** y **construirse** una **casa** cada uno.

**Los marranitos** dieron **besos fuertes** y **sonoros** a **sus papás** *(proyectar los labios unidos hacia fuera – ejercita la movilidad de los labios)* y **se despidieron** de **ellos** como de **costumbre**: *levantando los hombros hacia las orejas y haciendo pequeños movimientos hacia delante y hacia atrás (elimina tensión y facilita la coordinación respiratoria).* **Sus caras mostraban** una enorme felicidad *(aguantar la sonrisa durante unos segundos y aflojar – elimina la tensión previa a la articulación y facilita la respiración).*

**Los tres marranitos** caminaron por el **bosque hasta** cuando llegaron a un claro.

- **Construiré** aquí mi **casa** – dijo **Sátiro**, que era un poco vago –. Hay **muchas cañas. Unas cuantas cuerdas, unos nudos**,.... y arreglado.

- No **digas bobadas** – le **contestó Sesudo** –. Con un **solo soplido** del lobo **Saturnino** tu cabaña **saldrá** volando por **los aires.**

**Sátiro se** enfadó.

- Y tú qué **sabes**. Haré mi **casa** de **cañas** y ya **verás** lo **sólida** que **es.**

**Sátiro se puso manos** a la obra y, en un momento, dejó **lista su casa.** Pero **Sansón** y **Sesudo** continuaron **su** camino.

- ¡Mira, **Sesudo**, qué **tablas más buenas** y **resistentes!** – exclamó **Sánson** cuando llegaron cerca de unos **árboles cortados** –. Con **ellas** haré la **casa más segura** del mundo **sin demasiado esfuerzo.**

**Sesudo** no **estaba** de acuerdo:

- ¿Es que no te **das** cuenta? Aunque **las tablas son más fuertes** que las cañas de **Sátiro**, con **sólo dos soplidos** del lobo **Saturnino** tu **casa** también **saldrá** volando por **los aires**.

Pero **Sansón** no hizo **caso**, y **Sesudo se** marchó algo **más lejos** y empezó a **construir** una **casa sólida** de verdad. Dibujó **planos**, empleó **ladrillos** y cemento, calculó **todas las medidas** y él **mismo diseñó** **puertas** y **ventanas.** Como remate, le **puso** una chimenea enorme y **preciosa.**

Había trabajado duro y durante **muchos días,** pero el **resultado merecía el esfuerzo.**

- ¡Qué **cansado estoy!** ¡Cuánto **cuesta** hacer bien **las cosas!** Pero, ¡qué **casa más** bonita me ha quedado!

El lobo **Saturnino**, que **sabía** que **los tres marranitos** vivían ahora en el **bosque**, decidió **hacerles** una **visita. Sonreía** *(aguantar la sonrisa durante unos segundos y aflojar — elimina la tensión previa a la articulación y facilita la respiración)* y **se** relamía **los labios** *(superior e inferior)* de **solo pensar** en el **apetitoso** manjar que **se** iba a dar.

**Antes** de **salir** en **busca** de **los marranitos**, decidió **afilarse los dientes. El lobo Saturnino** abrió su enorme boca y enseñó los dientes juntos *(mantener la posición durante unos segundos y aflojar - elimina tensión)* con cara enfurecida. Movía la mandíbula hacia la derecha e izquierda alternativamente y hacia delante y hacia atrás. A continuación abrió los dientes y con la punta de la lengua comenzó a limpiar primero los dientes superiores y después los inferiores, relamiéndolos. Movía su lengua ágilmente hacia la izquierda y la derecha, hacia arriba y abajo y por delante y detrás de los dientes superiores e inferiores.

Una vez terminada la faena decidió ir primero a la **casa** de **Sátiro**.

- Hoolaa, **Sátiro,** cochinito liindoo… Adivina quién **soy** — dijo el lobo **Saturnino** cuando llegó a **su casa** -. **Sal** de ahí, amiguito, y ven conmigo un ratito.

- ¡No! ¡Tú lo que **quieres es** comerme! ¡Vete de aquí ahora **mismo**! – le **contestó Sátiro asustado.**

- Cochino tonto, **si** no **sales** por **las buenas, soplaré** y **soplaré** y tu **casa** derribaré – dijo el lobo **Saturnino.**

- El lobo **Saturnino** le dijo que **si** repetía al **menos** una de **las siguientes frases** le dejaría en paz y **se** marcharía para **siempre** – **Sátiro** aceptó:

"A las seis y media salió el sol"

"La silla sirve para sentarse"

"En la sala había señores con sombrero" (/s/ en posición inicial)

"Casi subí al sexto piso"

"En la mesa dejé las cosas de coser"

"Me dan mucha risa los payasos" (/s/ en posición media)

"Estas gafas me quedan grandes"

"Mis amigos contaron muchos chistes"

"La pasta de las rosquillas está lista" (/s/ en posición inversa)

**Sátiro** repitió una de **las frases**, pero el lobo **Saturnino** le engañó. En cuanto **se descuidó** comenzó a **soplar** y **soplar.**

<u>El lobo Saturnino con los labios entreabiertos y las comisuras un poco retiradas hacia los lados, inspiró por la nariz lenta y profundamente, retuvo el aire durante unos segundos y expulsó el aire por entre los dientes de forma lenta y continua a la vez que pronunciaba sss…a.</u>

Y, de un **solo soplido, destruyó** la **casa** de **Sátiro.**

El pobre **Sátiro**, muerto de miedo, corrió a **refugiarse** en **casa** de **su** hermano **Sansón**.

- **¡Sansón, Sansón!** ¡Ábreme, que **soy Sátiro!** ¡El lobo **Saturnino** ha derribado mi **casa** y me **persigue** para comerme!

**Sansón** dejó entrar a **su** hermano, y **los dos marranitos se** encerraron en la **casa** de madera, **convencidos** de que allí **estarían** a **salvo.**

El lobo **Saturnino** llegó rápidamente a **casa** de **Sansón** y gritó **desde** fuera:

-¡Abran, **sé** que **están** ahí! ¡Déjenme entrar!

Pero los **marranitos** no querían abrirle la puerta.

- **Pues s**i no abren por **las buenas**, **soplaré** y **soplaré**, y la **casa** derribaré.

- El lobo **Saturnino les** dijo que **si** acertaban al **menos dos adivinanzas les** dejaría en paz - **Los marranitos** debían repetir **las adivinanzas y acertarlas. Estos** aceptaron:

<u>"Una señora</u>

<u>muy señoreada</u>

<u>sube al tren</u>

<u>y no paga nada" (la mosca)</u>

"¿Cuál es la cosa

que encima de

todo se posa?" (el pensamiento)


"Una señorita

muy señoreada

que siempre va en coche

y siempre va mojada" (la lengua)


"Dos torres altas

con dos miradores

un quitamoscas

y cuatro andadores" (la vaca)


"Si la tienes la buscas

y si no la tienes

ni la buscas ni la quieres" (la pulga)


"Dos compañeras

van al compás

con los pies delante

y los ojos detrás" (las tijeras)

**Los cochinos** repitieron **dos adivinanzas** y acertaron **las respuestas,** pero el lobo **Saturnino** de nuevo **les** engañó. En cuanto **se descuidaron** comenzó a **soplar** y **soplar**.

El lobo Saturnino con los labios entreabiertos y las comisuras un poco retiradas hacia los lados, inspiró por la nariz lenta y profundamente, retuvo el aire durante unos segundos y expulsó el aire por entre los dientes de forma lenta y continua a la vez que pronunciaba sss...e.

De nuevo, el lobo Saturnino con los labios entreabiertos y las comisuras un poco retiradas hacia los lados, inspiró por la nariz lenta y profundamente, retuvo el aire durante unos segundos y expulsó el aire por entre los dientes de forma lenta y continua a la vez que pronunciaba sss...i.

Otra vez, el lobo Saturnino con los labios entreabiertos y las comisuras un poco retiradas hacia los lados, inspiró por la nariz lenta y profundamente, retuvo el aire durante unos segundos y expulsó el aire por entre los dientes de forma lenta y continua a la vez que pronunciaba sss...o.

Y finalmente, el lobo Saturnino con los labios entreabiertos y las comisuras un poco retiradas hacia los lados, inspiró por la nariz lenta y profundamente, retuvo el aire durante unos segundos y expulsó el aire por entre los dientes de forma lenta y continua a la vez que pronunciaba sss...u.

Pero por **más** que **soplaba** el lobo **Saturnino,** la **casa** de **Sesudo** continuaba en pie.

**Los marranos estaban** tan **contentos** que **se pusieron** a cantar:

"aserrín, aserrán

maderitos de San Juan

piden pan, no les dan

piden queso les dan hueso

y les cortan el pescuezo"

"cinco lobitos

tiene la loba

que los esconde

detrás de la escoba"


"una vez fuimos tres

al palacio del inglés,

el inglés saco su espada

y mató a veintitrés"


El lobo **Saturnino, desesperado, quiso engañarles** y **les** dijo:

-Bueno, **cochinitos**, me voy a merendar, que ya **es** tarde. Pero, **si** quieren, **podemos** quedar mañana bajo el manzano. **Está** lleno de fruta y **podemos repartírnosla.**

-Muy bien, **señor** lobo. Allí **nos veremos** – **contestó Sesudo.**

Al día **siguiente**, el lobo **Saturnino** llegó bajo el manzano. Pero no había nadie. De pronto **se** oyó una voz **desde** la copa del árbol:

-Hola, **señor** lobo. **Estamos** aquí, comiendo **manzanas.** ¿Quiere una? – dijeron **los marranitos,** que **estaban subidos** en **las ramas** del manzano. Y le tiraron una manzana.

**Mientras** el lobo **Saturnino** hambriento la **buscaba** entre la hierba, **los cochinos** aprovecharon para **irse** a **casa** de **Sesudo**, corriendo y riendo.

El lobo **Saturnino,** muy enfadado por el engaño de **los tres marrani-**

tos, decidió **sorprenderles**. Y trepó al tejado de la casa de **ladrillos dispuesto** a entrar por la chimenea. Pero **los cochinos** lo vieron.

-¡**Vamos,** no hay tiempo que perder! – dijo **Sesudo** -. **Si** entra **encenderemos** un gran fuego para que **se** queme al llegar abajo.

-¡**Socorro**! ¡Me quemo! ¡**Socorro**! – gritaba el lobo **Saturnino**, desesperado-. Y **salió** huyendo con la cola bien **chamuscada**.

**Los marranitos** decidieron **entonces construir** una **casa más** grande para poder vivir los **tres juntos**. Pero, **eso sí**, con **ladrillos** y cemento. **Sátiro** y **Sansón** prometieron no **ser vagos** y ayudaron a **Sesudo** en todo.

Y colorín colorado, como a mí me lo contaron **se los** he contado

Este cuento **nos enseña** que para **conseguir las cosas** hay que **esforzarse.**

# Palabras del cuento que contienen el fonema /s/ en diferentes posiciones

*Objetivo.* Introducir el fonema /s/ en el lenguaje repetido.

*Actividad.* Repetición de cada una de las palabras después del docente.

## Posición inicial

| sabes | sabía | saco | sal | sala | salados |
|---|---|---|---|---|---|
| salamos | saldrá | sale | sales | salimos | salinas |
| salió | salvo | san | Sansón | sátiro | Saturnino |
| se | segundos | segura | seis | seiscientas | seiscientos |
| sentarse | señor | señora | señoreada | señores | señorita |
| ser | sesudo | sexto | si | siempre | sierras |
| siguientes | silla | simia | símil | similar | similitud |
| simio | sin | sirve | socorro | sol | sólida |
| solo | sombrero | soplaré | soplido | soplidos | sorprenderles |
| soy | su | sube | subí | subidos | sus |

## Posición media

| Sansón | Sesudo | aserrán | aserrín | asustado | cansado |
|---|---|---|---|---|---|
| casa | casi | caso | cipreses | comisuras | conseguir |
| construirse | cosa | cosas | coser | demasiado | desesperado |
| diseño | enseña | érase | esforzarse | eso | expulsó |
| frases | irse | marcharse | mesa | pasará | payasos |
| pensamiento | perseguidos | persigue | piso | posa | preciosa |
| pusieron | puso | queso | quiso | resistentes | resultado |
| risa | visita | | | | |

# Posición inversa (final de palabra)

| sabes | salados | salamos | sales | salimos | salinas |
|---|---|---|---|---|---|
| segundos | seis | seiscientas | seiscientos | señores | sierras |
| siguientes | soplidos | sorprenderles | subidos | sus | |
| acertarlas | adivinanzas | aires | altas | amigos | andadores |
| árboles | bobadas | bosque | buenas | buscaba | buscas |
| cañas | chamuscada | chistes | cipreses | cochinos | comisuras |
| compañeras | compás | construir | contentos | contestó | convencidos |
| cortados | cuantas | cuerdas | cuesta | das | descuidaron |
| descuidó | desde | desesperado | destruyó | detrás | días |
| dientes | digas | dispuesto | dos | ellas | encenderemos |
| engañarles | entonces | entreabiertos | es | escoba | esconde |
| esforzarse | esfuerzo | eso | espada | está | estaba |
| estaban | estamos | están | estarían | estas | estoy |
| felices | fuertes | fuimos | gafas | grandes | hacerles |
| hasta | hueso | inglés | inspiro | juntos | labios |
| lados | ladrillos | las | lejos | les | lista |
| llamados | lobitos | los | maderitos | manos | manzanas |
| marranitos | marranos | más | mayores | medidas | menos |
| mientras | miradores | mis | mismo | mosca | muchas |
| muchos | nos | nudos | ojos | os | papás |
| pasta | perseguidos | pescuezo | pies | planos | podemos |

| puertas | pues | queréis | quieres | quitamoscas | ramas |
|---|---|---|---|---|---|
| refugiarse | repartírnosla | respuestas | retiradas | rosquillas | tablas |
| tienes | tijeras | todas | torres | trabalenguas | tres |
| unas | unos | vagos | vamos | veintitrés | ventanas |
| veremos | sus | | | | |

# FONEMA /x/ (/k/ + /s/)

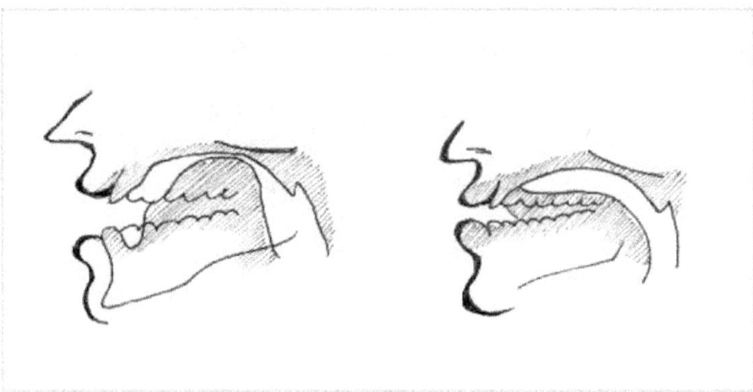

Ya que el fonema /x/ es la suma de /k/ + /s/, cualquier dislalia que pueda producirse se corrige fácilmente uniendo la mitad anterior /k/ a la vocal que la precede y la mitad posterior /s/ a la que le sigue. Por tanto, las dificultades que puedan presentarse dependen de cada uno de sus fonemas componentes, pero no del conjunto resultante.

# FONEMA /l/

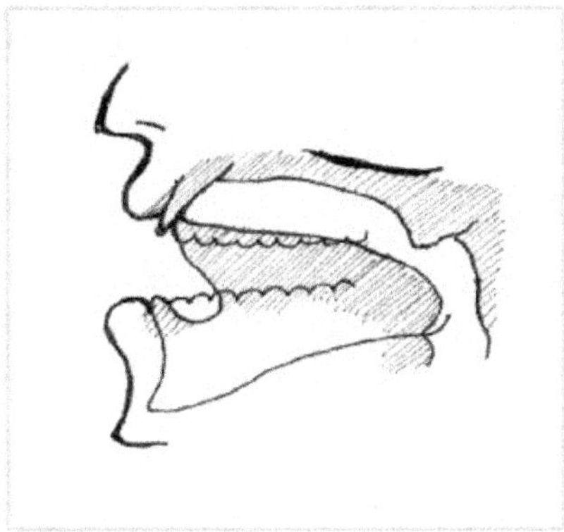

- Características: palatal, lateral, sonora, bucal.

- Modo y tipo articulatorios

  - Los labios se encuentran separados permitiendo ver los dientes.

  - Las arcadas dentales deben estar levemente separadas.

  - La punta de la lengua se apoya en los alvéolos de los incisivos superiores y se separa de ellos rápidamente.

  - El velo aparece levantado y la glotis se torna sonora.

- Defectos y corrección

  - El primer defecto se sucede por excesiva vibración vocal y falta de adecuada presión de la lengua, es decir, que el fonema /l/ se emite oralizado. La corrección se consigue haciendo emitir, en primera instancia las vocales, empezando por /u/ y /o/. Así, se pide al niño que coloque la lengua en la posición tipo para que perciba las vibraciones en mentón y mejillas.

  - Otro defecto tiene que ver con la nasalización del fonema /l/, caso en el que es preciso que el niño perciba el soplo bucal para después articular /l/ sin apoyo vocal y asociarla primero a la /u/ y posteriormente a consonantes explosivas previas, como por ejemplo: pelo, pila, polo, tela, bola, pelota.

# FONEMA /ll/

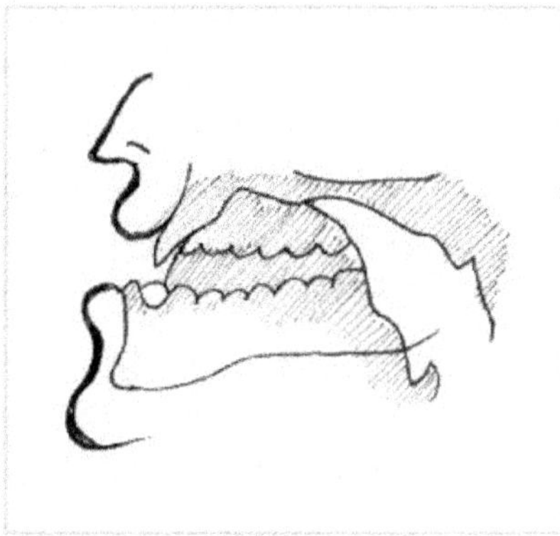

- Características: palatal, lateral, sonora, bucal.

- Modo y tipo articulatorios

    - Los labios aparecen entreabiertos, permitiendo ver los dientes.

    - Las arcadas dentarias igualmente están ligeramente separadas.

    - La punta de la lengua se coloca detrás de los incisivos superiores, en tanto que el dorso se apoya contra el paladar y los bordes se separan de las coronas molares. En consecuencia, las mejillas entran en vibración.

    - El velo aparece levantado y la glotis se torna sonora.

- Defectos y corrección

    - El error más común es el denominado "yeísmo", el cual se da debido a que el niño no sobrepone el dorso de la lengua contra el paladar, de manera que modifica la /ll/ por /y/.

    - Otro defecto notorio es cuando se omite el sonido laríngeo y se sustituye la /ll/ por /ch/.

- El tercer defecto aparece cuando el niño sobrepone la punta de la lengua contra el paladar sustituyendo la /ll/ por /l/.

La corrección se logra haciéndole notar frente al espejo la posición tipo. Inicialmente se le pide que coloque la punta de la lengua como para articular la /l/ y, sin variar la posición, se le empuja el centro de la lengua con el bajalenguas hasta cuando el dorso de la misma haga contacto con el paladar.

Si el niño articula correctamente la /ch/, entonces se le pide que coloque la lengua en la posición de ese fonema y articule la /ll/. En ese momento es preciso hacerle notar la vibración y retención de aire en las mejillas.

# FONEMA /ñ/

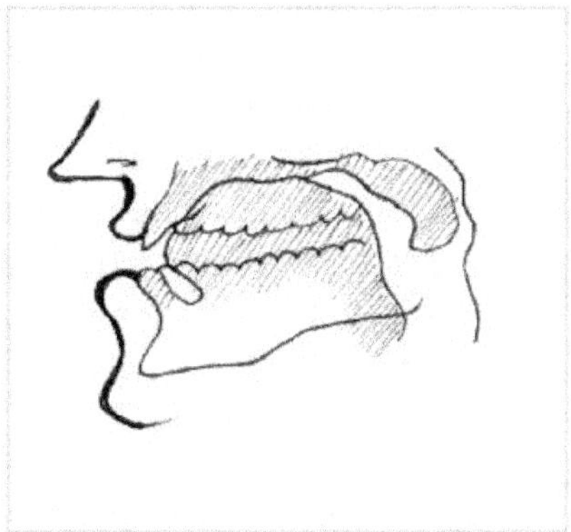

- Características: palatal, oclusiva, sonora, nasal.

- Modo y tipo articulatorios

     - Los labios se encuentran entreabiertos (aproximadamente unos cinco milímetros) dejando ver los incisivos superiores e inferiores.

     - Las arcadas dentarias deben estar separadas (dos o tres milímetros), teniendo en cuenta que los incisivos inferiores están detrás de los superiores.

     - El dorso de la lengua se sobrepone ampliamente al paladar óseo, es decir, desde los incisivos hasta los molares. Los bordes linguales tocan la arcada dental superior, mientras que la punta de la lengua se coloca detrás de los incisivos y se contrae con violencia.

     - El velo aparece descendido y la glotis se torna sonora.

- Defectos y corrección

     - El defecto más notorio ocurre cuando el dorso de la lengua no toca el paladar y su punta y bardes se apoyan en la cara interna de los molares. En este caso, la corrección se logra mostrando el modelo correcto frente al espejo, incitando al niño para que apoye con energía el dorso de la lengua contra el paladar, y, sin articular el fonema, se sitúa la lengua en posición de /ll/ o /ch/. Una vez la lengua se sobrepone con fuerza, entonces se pide al niño que articule el fonema, reteniéndole —por debajo— la lengua con el bajalenguas, a fin de impedir su desplazamiento. Si este ejercicio no resulta eficiente, entonces se debe recurrir a ensayar la articulación de, nia, nio, niu,...

- Otro error se presenta cuando el niño levanta el velo del paladar impidiendo la salida de aire por la nariz, por tanto, la /ñ/ se convierte en /d/ o en /t/. Mediante ejercicios respiratorios nasales y la presentación tipo correcta frente al espejo se logra la corrección, indicándole al niño que compruebe la salida de aire por la nariz, evitando el escape por la boca.

# FONEMA /y/

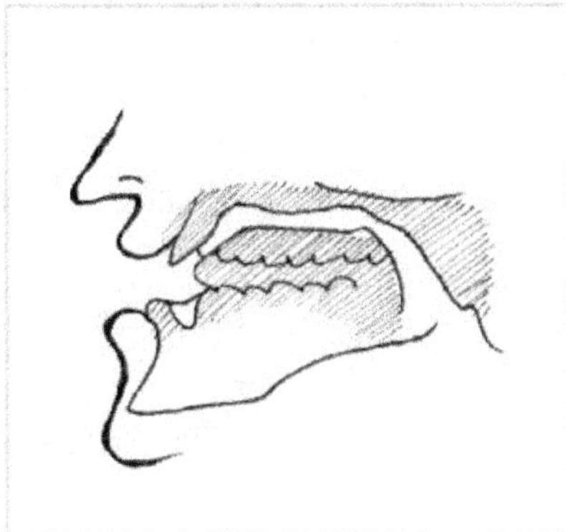

- Características: palatal, fricativo, sonoro, bucal.

- Mecanismo-tipo

  - Los labios se encuentran entreabiertos permitiendo ver los incisivos y separándose algo de la cara anterior de estos.

  - Hay una pequeña separación entre las arcadas dentales, de modo que los incisivos inferiores están detrás o en el mismo plano vertical que los superiores.

  - La punta de la lengua se sitúa detrás de los incisivos inferiores apoyándose contra su cara interna. La parte anterior está arqueada y sus bordes en contacto con la arcada dental superior. - El dorso toca el paladar en ambos lados y deja en el centro un canal para el paso del aire.

  - El velo aparece levantado y la glotis se torna sonora.

- Defectos y corrección

  - Un primer defecto se nota cuando el niño apoya el dorso de la lengua contra el paladar y convierte el fonema en oclusivo, o sea que cambia la /y/ por la /ch/. En este caso se logra la corrección señalándole al niño la posición tipo y

la sonoridad frente al espejo. Es preciso hacerle notar esto
articulando alternativamente los fonemas sordos y sonoros,
la existencia de vibración laríngea. En suma, partiendo de
la posición del fonema vocal /i/, se pide al niño que estreche
un tanto el canal de salida del aire para que logre la posición
de la /i/ y la sume a la /e/ creando un diptongo.

- Un segundo error se da cuando la /y/ se articula insonoramente entre /ch/ y /s/, para lo cual se debe partir de la
posición tipo para articular el fonema /a/ y progresivamente
ir estrechando el tubo sonoro, hasta transformarlo en /y/.

# FONEMA /r/ (simple)

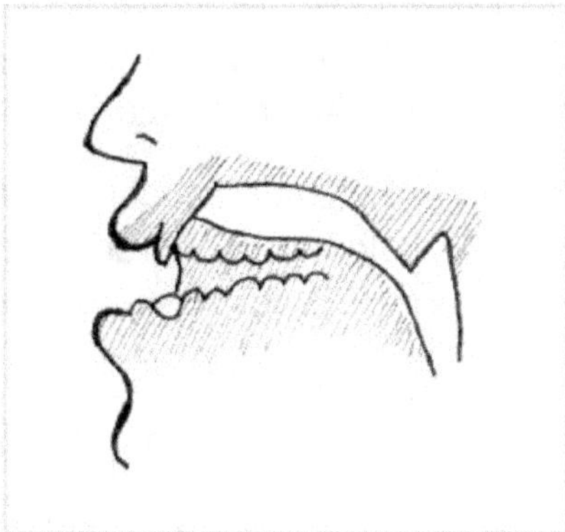

- Características: alveolar, vibrante-simple, sonoro, bucal.

- Modo y tipo articulatorios

    - Los labios se ven entreabiertos, aproximadamente a unos diez a veinte milímetros, y sin contracción, de modo que se ven todos los incisivos.

    - Los incisivos inferiores se sitúan aproximadamente a cinco milímetros por detrás de los superiores, dejando ver la cara inferior de la lengua.

    - La punta de la lengua se apoya suavemente en la protuberancia alveolar de los incisivos superiores. Los bordes tocan la cara interna de los molares e impiden la salida lateral del aire.

    - El velo aparece levantado, en tanto que la glotis se torna sonora.

    - Para articular pronunciar el fonema, la punta de la lengua se separa de la protuberancia, saliendo el aire en forma de pequeña explosión.

- Defectos y corrección

- Un error consiste en levantar la parte posterior de la lengua en lugar de la anterior, de modo que se emite una /g/.

- Otro error se nota cuando se hace vibrar la úvula, de modo que se produce una /r/ velar como "francesa".

- El tercer defecto aparece cuando se coloca la punta de la lengua en el borde de los incisivos superiores, de manera que se sustituye la /r/ por /d/ o por /t/.

La corrección de estas dislalias se logra frente al espejo pidiendo al niño que realice los siguientes ejercicios:

* Doblar la lengua arriba y atrás con la ayuda de los incisivos superiores.

* Doblar la lengua abajo y atrás con la ayuda de los incisivos inferiores.

* Doblar la lengua en sentido anteroposterior.

* Levantar la punta estando el resto de la lengua horizontal. Golpear alternativamente la cara anterior y posterior de los incisivos superiores rápidamente con la punta de la lengua.

* Colocar la punta de la lengua entre los labios y hacer vibrar a estos con rapidez.

* Pronunciar la, la, la rápidamente.

* Articular t, d, t, d, t, d con rapidez; igualmente t, l, t, l, t, l. En los últimos ejercicios se debe inspirar profundamente antes de comenzar y efectuarlos durante la espiración válida. Indicar la posición tipo de la /r/, ayudando con el bajalenguas para obtenerla. Se debe procurar que la lengua golpee la protuberancia alveolar, primero sin sonido y después con sonido.

- Una dificultad más se percibe cuando el niño separa los

bordes de la lengua de los molares, y al dejar escapar el aire lateralmente sustituye la /r/ por /l/. Para lograr la corrección, se pide al niño que toque los molares con la lengua (si es preciso se puede instigar con el bajalenguas). Lo fundamental es que el niño perciba claramente que con la /l/ vibran las mejillas y con la /r/ no. Para ello se puede mostrar, con la mano frente a la boca, cómo en la /r/ hay explosión de aire mientras que en la /l/ no. En caso que el niño pueda articular correctamente la sílaba "tra" entonces se procede a pedirle que emita: tra, tra, tra; trara, trara, trata; trarara, trarara, trarara; tra, rara, tra, rara, tra, rara. Finalmente se le pide que suspenda la emisión de la /t// y pase a articular únicamente "ra".

# /r/ Vibrante

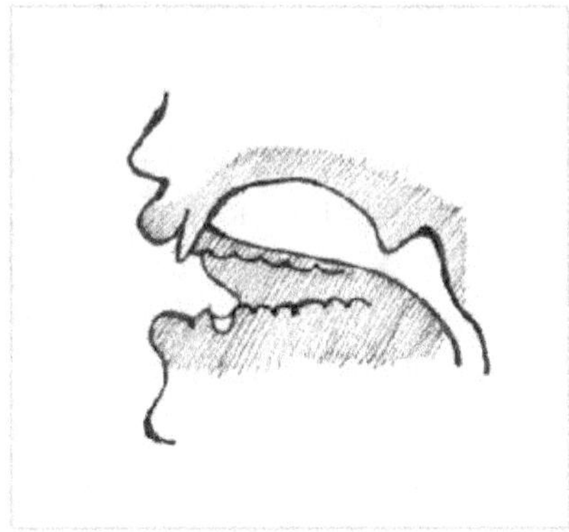

- Características: alveolar, vibrarse-múltiple, sonoro, bucal.

- Mecanismo tipo

    - Los labios se colocan como en la /r/ simple.

    - Los dientes asumen la misma posición que en la /r/ simple.

    - Al igual que para la /r/ simple, la lengua asume la posición, pero varía el hecho de apoyar con fuerza la punta en la protuberancia alveolar de los incisivos superiores.

    - El velo aparece levantado mientras la glotis se hace sonora. El aire se acumula en la cavidad formada entre el paladar y dorso de la lengua. La punta de la lengua se apoya fuertemente sobre la protuberancia alveolar, y deja de hacerlo ante la fuerza del aire, pero cuando parte de éste ha salido, la lengua retorna a su posición inicial. Ahora aumenta de nuevo la presión del aire y se repite el mismo mecanismo. El movimiento se repite varias veces con gran rapidez y el aire sale en pequeñísimas explosiones.

- Defectos y corrección

    - Los defectos son los mismos que en la /r/ simple, lo que

se corrige realizando ejercicios de agilidad lingual como
para la emisión de la /r/ simple. Se le debe indicar al niño la
posición del fonema, es decir, la forma de colocar la lengua,
la manera como sale el aire, etc. Los primeros ejercicios
se realizan insonoramente tratando de reproducir la salida
explosiva del aire. Cuando la salida del aire es correcta se
pide al niño que emita sonido. El niño debe mover su lengua
(la punta, sin separar los bordes de la arcada dental). Una
vez obtenido el fonema debe repetirse el ejercicio hasta
cuando el niño lo mecanice.

- Si el niño pronuncia la /r/ simple puede partirse de una palabra que termine en /r/, como por ejemplo: cantar, cantarr,
cantarrr. ttar, tarr, tarrr; ttar, ttarr, ttarrr; aar, arr, arrr, arrrr;
arr, arrr, arrraa, arrr, aarrra, aarrrra; rra, rrra, rrrra, rra, ra.

- Tambien es preciso emplear vocales y realizar ejercicios
respiratorios para aumentar la capacidad respiratoria, todo
esto de manera diaria por espacio de cinco a diez minutos.

*Ejercicios.* Repetir series de palabras:

- /r/ en posición inicial (rosa) y media (carro) (es decir, /r/ vibrante r o rr)

- /r/ en posición media (r antecedida de consonante b, t, g, c, p, o, (árbol, arco, martes, argolla, arpa, oro) entre vocales, o, antecedida de vocal y precedida de consonante)

- /r/ en posición final (r)(flor)

| | | | |
|---|---|---|---|
| rabadilla | rápido | reagrupar | rechazar |
| rabia | rapiña | reajustar | rechupete |
| rabiar | raptar | real | recibir |
| racial | raqueta | realidad | recipiente |
| racimo | raro | realizar | recitar |
| racismo | rascar | reanimar | reclamar |
| radar | rasgar | reanudar | recluta |
| radiación | rasguño | reaparecer | recobrar |
| radiador | raspar | reasumir | recogedor |
| radical | rastrear | rebaja | recolectar |
| radicar | rastrillo | rebanar | recomendar |
| radio | rasurar | rebaño | recompensar |
| radiografía | rata | rebelarse | reconcentrar |
| radioterapia | ratero | rebelde | reconciliar |
| raer | ratón | rebosar | reconocer |
| ráfaga | raya | rebotar | reconquistar |
| raíz | rayar | rebullir | reconsiderar |
| rajar | rayo | rebuscar | reconstruir |
| rallar | raza | recado | recopilar |
| rama | razonar | recaer | recordar |
| rampa | reabrir | recalentar | recorrer |
| rana | reacción | recargar | recortar |

| | | | |
|---|---|---|---|
| ranchero | reaccionar | recaudar | recostar |
| rango | reactor | recepción | recrear |
| ranura | readmitir | receso | recreativo |
| rapar | reafirmar | receta | recreo |
| rectángulo | refugio | reiterar | rencor |
| rectificar | refundir | reja | rendir |
| rectitud | refunfuñar | rejuvenecer | renegar |
| rector | regadera | relacionar | renglón |
| recubrir | regalar | relajo | renovar |
| recuerdo | regar | relámpago | renunciar |
| recuperar | regalo | relatar | reñir |
| recurrir | regenerar | releer | reorganizar |
| red | región | relieve | reparar |
| redactar | registrador | religión | repartir |
| redentor | registrar | rellenar | repasar |
| redondear | regla | reloj | repercusión |
| reducir | reglamentar | relojería | repertorio |
| reeducar | regordete | remangar | repetir |
| reemplazar | regresar | remar | repleto |
| refajo | regular | remendar | repollo |
| referencia | rehabilitar | remolacha | reponer |
| referir | rehacer | remolcador | reportaje |
| reflejar | rehusar | remolino | reportero |
| reflexión | reimprimir | remolque | reposar |
| reformar | reinar | remontar | reprender |
| refractario | reincidir | remover | representar |
| refrescar | reincorporar | remuneración | reprimir |
| refrigeración | reintegrar | renacer | reprobar |
| refuerzo | reír | renacuajo | reprochar |
| reproducción | resurgir | revolucionar | rogar |

| | | | |
|---|---|---|---|
| reproducir | resurrección | revolver | rojo |
| república | retaguardia | revólver | rollo |
| repugnar | retardar | rezar | romper |
| requerimiento | retener | riachuelo | ron |
| requisar | retirar | ricachón | roncar |
| resaltar | retomar | rienda | rondar |
| resbalar | retorcer | rifa | ronronear |
| rescatar | retornar | rifirrafe | ropero |
| reservar | retractar | rifle | rosario |
| resfriado | retraer | rigor | rostro |
| resignar | retransmitir | rimar | rotar |
| resistir | retrasado | rincón | rozar |
| resolver | retratar | rinoceronte | ruborizar |
| resorte | retroactivo | riña | rúbrica |
| respetar | retroceder | riqueza | rudimentario |
| respiración | reunir | risueño | rueda |
| respirar | revalorizar | ritmo | rugir |
| respiratorio | revelador | robar | ruido |
| responder | reverberar | robot | ruiseñor |
| restar | reverdecer | rociar | rumiar |
| restaurante | reverendo | rodar | rupestre |
| restaurar | reversible | rodear | ruptura |
| restringir | revertir | rodillera | rural |
| resultar | revisar | roedor | rústico |
| resumen | revivir | roer | rutinario |

# /r/ en posición media

| | |
|---|---|
| abejorro | arreciar |
| aborrecer | arrecife |
| aburrido | arreglado |
| aburrimiento | arreglar |
| aburrir | arremangar |
| acarrear | arremeter |
| achicharrar | arremolinarse |
| acorralar | arrendador |
| aferrar | arrendamiento |
| agarrada | arrendar |
| agarradera | arrendatario |
| agarrar | ahorrar |
| alcaparra | algarrobo |
| amarradero | amarrar |
| aquelarre | arrabal |
| arraigar | arrancar |
| arrasar | arrastrado |
| arrastrar | arrear |
| arrebatar | |

# FONEMA /c/ /k/ /q/

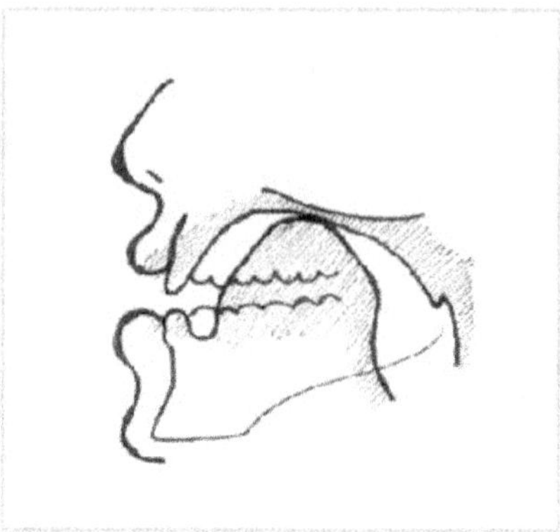

- Características: velar, oclusiva (explosiva), sorda, bucal.

- Mecanismo tipo

    - Los labios aparecen separados permitiendo ver los dientes y la lengua.

    - Las arcadas dentarias deben separarse algo más de un centímetro.

    - La lengua se sitúa detrás de los incisivos inferiores tocando la encía. Luego se retira de los dientes y por debajo de su nivel. La parte posterior se levanta y se apoya con fuerza en el velo del paladar, cerrando por oclusión el paso del aire. La posición del postdorso varía: normal, seguida de /a/; prevelar, seguida de /e/ o de /i/ (ke, ki) y velar, cuando le siguen /o/ y /u/ (co, cu).

    - El velo está levantado para que así salga todo el aire por la boca. La glotis no entra en acción.

- Defectos y corrección

    - Un primer error se percibe cuando no hay cierre completo del paso del aire, entrando, por tanto, en acción la glotis, de manera que se sustituye la /c/ por la /g/, como por ejemplo "gosa" por "cosa".

- Otro defecto se da cuando la oclusión no es completa, en otras palabras, la lengua no contacta con el paladar y al escaparse el aire aparece un sonido intermedio entre /c/ y /j/.

- Una tercera dislalia tiene que ver con la omisión del fonema como en el caso de "asa" por "casa", para lo cual resulta pertinente llevar al niño frente al espejo con el fin de que reproduzca la posición tipo, enfatizándole en el contacto posterior de la lengua con el paladar y la posición de la punta. Con el bajalenguas se presiona la punta de la lengua hacia abajo y atrás, luego se pide al niño que intente emitir la /t/. Se le puede enseñar la maniobra, para que la repita empujando la lengua con el dedo. Debe insistirse con la mayor cantidad posible de ejercicios, ya que éste es un fonema difícil de articular. Pueden también hacerse ejercicios de gárgaras.

# FONEMA /j/

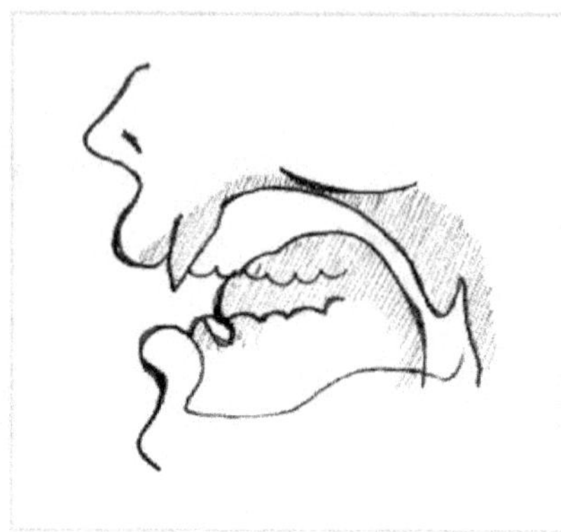

- Características: velar, fricativa, sorda, bucal.

- Mecanismo tipo

    - Los labios se encuentran entreabiertos permitiendo ver los dientes y la lengua.

    - Las arcadas dentarias dejan ver los incisivos separados poco más de medio centímetro.

    - La punta de la lengua se sitúa detrás de los incisivos inferiores, pero alejada de ellos y más baja que el nivel de sus bordes libres. La lengua se arquea y sus bordes tocan los tres últimos molares de la arcada superior. El postdorso toca parte del velo del paladar.

    - El velo aparece levantado, en tanto que la glotis es muda.

- Defectos y corrección

    - La primera dislalia se nota cuando el niño levanta la parte posterior de la lengua y la acomoda contra el velo, impidiendo la salida continua del aire; así cambia la /j/ por /k/. En este caso la corrección se logra llevando al niño frente al espejo para que observe la posición característica de la lengua. Con el bajalenguas sobre el dorso de la lengua, ésta se separa del paladar. Es importante que el niño note el ruido característico del aire.

- Otra dislalia ocurre cuando hay vibraciones laríngeas, de manera que se trueca la /j/ por /g/ suave. La corrección se logra haciendo que el niño pronuncie ambos fonemas alternamente para que note la diferencia, en este caso es necesario exagerar las vibraciones que se producen en el sonido suave de la /g/ (esto se percibe poniendo las manos en el cuello). El sonido /j/ no produce esas vibraciones laríngeas.

- Una última dificultad consiste en no levantar lo suficiente el dorso de la lengua, de modo que se deja un canal amplio y el fonema se convierte en una simple espiración. Para corregir, se requiere del bajalenguas con el que se empuja la lengua hacia atrás y se hace articular el fonema. En caso que el niño articule la /g/ suave o la /k/ fuerte, éste se constituye en un buen punto de partida.

## FONEMA /g/

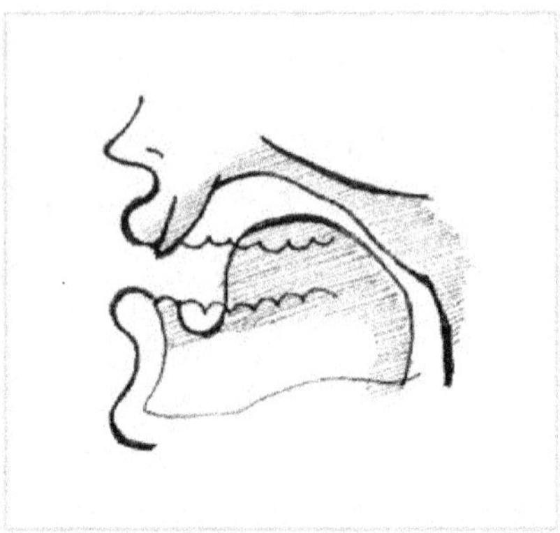

- Características: velar, fricativo, sonoro, bucal.

- Mecanismo tipo

    - Los labios deben estar moderadamente separados, dejando ver la lengua y los dientes.

    - Las arcadas dentarias aparecen separadas por algo más de un centímetro.

    - La punta de la lengua se sitúa detrás de los incisivos inferiores y se apoya en los alvéolos. Su postdorso contacta suavemente con el velo para producir la fricación.

    - El velo está levantado y la glotis se torna sonora.

- Defectos y corrección

    - Un defecto consiste en la falta de sonoridad, de modo que el fonema se emite continuamente como /j/. El espacio bucal entre el dorso de la lengua y el velo es demasiado grande impidiendo que la laringe vibre, ocasionando que el fonema se convierta en una espiración fuerte. Esto logra corregirse equiparando o igualando las vibraciones laríngeas a las de cualquier otro fonema sonoro y haciéndolas percibir por el tacto. Asimismo resulta pertinente hacer que el niño articule exageradamente y de manera alterna la /p/ y la /g/ y/o articulando el fonema /a/ prolongado y pasar al fonema /g/.

- Otro defecto se presenta cuando el fonema se convierte en /k/ por oclusión, sustituyendo a la fricación. La corrección se logra haciendo que el niño ejecute ejercicios de gárgaras.

# GLOSARIO

*Aparato fonador.* Conjunto de órganos que colaboran en la emisión del sonido articulado. Se divide en tres grupos: órganos de la respiración, de la fonación y de la articulación.

*Apnea.* Período en el que no se realiza ningún movimiento respiratorio. Puede ser inspiratoria, cuando se retiene el aire inspirado; y apnea espiratoria cuando, tras finalizar la espiración, se detiene el inicio de la siguiente inspiración.

*Apnea del sueño.* Períodos de apnea que se producen al estar durmiendo; si se repiten con demasiada frecuencia y son prolongados, se consideran patológicos.

*Apraxia del habla.* Se considera un fallo de la programación motora que se manifiesta como una discapacidad para realizar actos motores complejos, coordinados y secuenciales. Ocurren en ausencia de una parálisis o una lesión que impide el movimiento. Se da en los casos en que el sujeto, a pesar de que tiene la intención de realizar el acto, no puede secuenciar los segmentos motores implicados en él (por ejemplo, articulación de fonemas, sílabas, palabras), pero sí puede realizar el movimiento aislado de cada uno y posee la representación lingüística de los fonemas implicados.

*Articulación.* Conjunto de movimientos por los cuales se forman los fonemas y las palabras.

*Bradilalia.* Desaceleración excesiva del ritmo del habla que dificulta su comprensión.

*Bradilalia.* Ritmo lento de producción del habla. Se manifiesta mediante el alargamiento de los fonemas, generalmente con aumento también del número de pausas y de su duración.

*Capacidad pulmonar.* Espacio en los pulmones para la recepción normal del aire.

*Cavidades de resonancia.* Huecos donde se amplifica el sonido. Las forman la faringe, boca y fosas nasales.

*Diadococinesia.* Habilidad para realizar secuencias rápidas y regulares de movimientos alternantes y opuestos. Depende de la capacidad para detener un movimiento voluntario y orientarlo en sentido contrario.

*Disartria.* Articulación defectuosa debida a lesiones del control muscular (paresia, lentitud e incoordinación) del mecanismo del lenguaje, por lesión del sistema nervioso central, del sistema nervioso periférico o de ambos.

*Disartria espástica.* Dícese de la articulación que produce un sonido con mucha tensión muscular. El habla es lenta y parece surgir con esfuerzo, como si se produjera en contra de una gran resistencia.

*Disartria fláccida.* Dícese de la articulación que produce un sonido con escasa tensión muscular.

*Discriminación auditiva.* Habilidad por la cual un sujeto se puede distinguir si dos sonidos son iguales o diferentes. También se refiere a la habilidad de diferenciar una señal acústica significativa de un fondo sin significado.

*Disdiadococinesia.* Déficit en la capacidad para realizar movimientos coordinados, alternantes y rápidos. Suele aparecer cuando existe una disfunción cerebelosa. En lo referente a la patología del habla, se denomina así a la incoordinación que se manifiesta al repetir movimientos finos, secuenciales y opuestos con la musculatura orofacial.

*Disfemia.* Repetición de sílabas o palabras, o paros espasmódicos que interrumpen la fluidez verbal. Tartamudez.

*Dislalia.* Defecto de la articulación producido por un punto o modo de articulación incorrecta, con o sin lesión orgánica en el aparato fonatorio.

*Fisura palatina.* Malformación congénita en la cual las dos mitades laterales del paladar no se unen en la línea media. En la mitad de los casos se asocia a labio leporino.

*Frenillo labial superior.* Repliegue membranoso que une la parte media y posterior del labio superior, al espacio entre los dos incisivos superiores medios.

*Frenillo lingual.* Repliegue membranoso que une la lengua al suelo de la boca y limita los movimientos de la punta de la lengua.

*Funcional.* Dícese de los síntomas o trastornos dependientes de una alteración de la función de un órgano, sin que aparentemente haya lesión morfológica del mismo.

*Habla borrosa.* Pronunciación imprecisa y descuidada de los fonemas.

*Habla Imprecisa.* Habla borrosa.

*Habla monótona.* Habla en la que el tono de la voz es uniforme.

*Hipernasalidad.* Resonancia perceptible de la cavidad nasal que se produce por acoplamiento acústico de la nasofaringe y orofaringe a través de un esfínter velo-faríngeo incompetente para todos los sonidos que no sean m, n y ñ.

*Hiperrinolalia*. Hipernasalidad.

*Iimpostación*. Es la colocación correcta de las cavidades de resonancia superiores, para cada sonido emitido por la laringe. Con ello se producen sonidos llenos, firmes, redondos, seguros, fáciles, vibrantes, homogéneos, sin vacilaciones ni temblores.

*Labio leporino*. Fisura congénita del labio, especialmente del superior. Puede ser uni o bilateral y estar acompañado de fisura palatina

*Macroglosia*. Malformación congénita visible en un anormal y excesivo desarrollo de la lengua, la cual es demasiado grande en relación con la cavidad bucal de la persona.

*Microglosia*. Malformación congénita visible en un anormal y escaso desarrollo de la lengua, la cual es demasiado pequeña en relación con la cavidad bucal de la persona

*Micrognacia*. Pequeñez anormal congénita del maxilar inferior.

*Orgánico*. Perturbación causada por una alteración estructural; es lo opuesto a funcional.

*Paladar Ojival*. Paladar estrecho y muy elevado.

*Progenia*. Mandíbula inferior muy adelantada.

*Prognatismo*. Proyección de la mandíbula por delante de un plano tangente a la parte anterior de la cabeza

*Resonancia*. Intensificación del sonido por transmisión de las vibraciones a una cavidad adecuada.

*Respiración abdominal*. La efectuada principalmente por la acción de los músculos abdominales y el diafragma. Ver tipos de respiración.

*Respiración clavicular.* La efectuada por el esfuerzo de los músculos cervicales y branquiales. Ver tipos de respiración.

*Respiración costo-abdominal.* La efectuada con el movimiento de la musculatura abdominal del diafragma y de la parrilla costal en su porción inferior. Es la respiración completa. Ver tipos de respiración.

*Retraso del habla.* Trastorno en la adquisición o maduración del habla.

*Rinolalia abierta.* Alteración en la articulación correcta de los fonemas acompañada por un timbre nasal de la voz por incompetencia de la válvula palato-faríngea.

*Rinolalia cerrada.* Reducción de la sonoridad de las consonantes nasales, por obstrucción del paso del aire hacia la cavidad nasal.

*Taquilalia.* Aceleración excesiva del ritmo del habla que la hace incomprensible.

*Taquifemia.* Velocidad excesiva en el habla con desorganización de las oraciones, omisión o sustitución de fonemas y de palabras e imprecisión en la pronunciación.

Quien padece este trastorno es capaz de controlarlo y pronunciar correctamente fonemas y palabras, no obstante el dominio es pasajero de manera que la persona sólo nota su dificultad en razón de la reacción de su(s) interlocutor(es).

*Taquilalia.* Ritmo rápido de habla que frecuentemente da lugar a una incoordinación fono-respiratoria e imprecisión fonoarticulatoria.

*Tartamudez.* Habla entrecortada, con repeticiones de sílabas o palabras, y con paros tónicos o bloqueos del habla fluida.

*Tipo respiratorio.* Diferente modalidad en la movilidad de ciertas partes de la caja torácica, durante la respiración.

*Tono*. Frecuencia de las vibraciones por segundo. Es también la sensación auditiva de la altura del sonido.

*Velo de paladar*. Tabique músculo-membranoso, cuadrado, móvil, cuyo lado superior contiene la bóveda palatina. El lado inferior libre presenta colgando en su parte media la úvula o campanilla. Los lados se continúan con la faringe y la lengua. Se llama también paladar blando.

*Voz nasal*. Sonido nasal de los fonemas.

# REFERENCIAS

Bouton, C. (1992). *El desarrollo del lenguaje*. Buenos Aires: Huemul.

Busto, M .C. (1998). *Manual de logopedia escolar*. Madrid: CEPE.

Cabanas Comas. (1983). *Origen del Habla Humana*. Ministerio de Salud Pública de Cuba. La Habana - Cuba: Editorial Nueva Habana.

Condemarín, M, Chadwick, M. y Milicic, N. (1994). *Madurez Escolar*. Santiago de Chile: Editorial Andrés Bello.

grups.blanquerna.url.edu/.../natus4/06.htm

Hewlett, N. y Beck, J., (2006). *Introducción a la Ciencia de la Fonética*. Londres - Mahwah, NJ: Lawrence Erlbaum Asociado. p. 43.

http://www.auxiliar-enfermeria.com/diccionario/letra_a.htm

http://www.babylon.com/definition/epiglotis/Spanish

Le Huche, F. y Andre Allali, A. (2004). La voz. España: Elsevier.

Monfort, M. (1982). *Los trastornos de la comunicación en el niño*. En: *Memorias del I Simposium de Logopedia. Madrid: CEPE*.

Paret, M. (2007). *Curso completo de Magnetismo Personal*. (En red). Disponible en: http://magnetismo.pnl-nlp.org/2809.html

Pascual, P. (1988). *La dislalia*. Madrid: CEPE.

Salas, T. *Lenguaje e ideología: un ejemplo periodístico*. En: *Analecta Malacitana*, revista de la Facultad de Filosofía y Letras de la Universidad de Málaga. (En red) Disponible en: www.anmal.uma.es. No. 9, julio 2001.

Scivetti, A. R. y Garraza, A. M. (2006). *Educación, Reeducación y Rehabilitación de la Voz*. Secuencias Terapéuticas. (En red). Disponible en: http://www.psicopol.unsl.edu.ar/junio06_nota3.htm

Tulon, C. (2000). La Voz. *Técnica vocal para la rehabilitación de la voz en disfonías funcionales*. Barcelona: Ed. Paidotribo.

www.apuntesdeanatomia.com

Bustos, I. (1984). *Discriminación auditiva y logopedia*. Madrid: CEPE.

Pascual, P. (1988). *La dislalia. Madrid*: CEPE.

Peña Casanova, J. (1990). *Manual de logopedia*. Barcelona: Ed. Masson.

Perello, J. (1973). *Trastornos del habla*. Barcelona: Ed. Científico Médica.

Quirós, B. (1969). *Los grandes problemas del lenguaje infantil*. Buenos Aires: Centro Médico de investigaciones foniátricas y audiológicas.

Valles, A. (1990). *Prueba de articulación de fonemas*. Madrid: CEPE.

# LAS AUTORAS

## Doralba Agredo Acevedo

Nació en Zapatoca, Santander. Realizó estudios de Fonoaudiología y Educación Especial.

Egresada de la Normal Nacional de Gigante, Huila. Posee una amplia experiencia, adquirida a través de varios años de trabajo docente con niños, niñas, jóvenes y adolescentes con necesidades educativas especiales, especialmente discapacidad auditiva, en instituciones educativas como Centrabilitar de Bucaramanga, Instituto de la Sabiduría en Barranquilla, Jardín Infantil para Sordos del Bienestar Familiar.

Actualmente labora en la IED Jorge Eliecer Gaitán, Sede B, Jornada de la Tarde, de Bogotá.

Su quehacer pedagógico se caracteriza por estar matizado de un alto compromiso con la integralidad en su formación, implementando estrategias que promueven la libre expresión y la negociación de significados y saberes fundamentados en potencializar las cualidades humanas para formar seres integrales, brindando el conocimiento en todas las dimensiones en un ambiente feliz, amigable, familiar y lúdico, apoyando y estimulando la natural curiosidad, la creatividad e imaginación de los niños y niñas, permitiendo que cada uno de ellos desarrolle su personalidad e individualidad, aplicando la metodología que más se adapte a su edad, la etapa de desarrollo, sus intereses y necesidades, logrando con esto que sean partícipes de sus propios aprendizajes y no receptores de conceptos, involucrando a la familia como parte activa de todos los procesos, haciendo más dinámica y agradable la enseñanza, contribuyendo con esto que aprendan a vivir en su mundo, donde prime siempre el respeto por sí mismo, por los demás y por su entorno.

# Flor Niño Becerra

Nació en Gámbita, Santander. Allí inició su vida académica cursando básica primaria en la escuela urbana del municipio, luego ingresó a la Normal Superior María Auxiliadora de Villapinzón (Cundinamarca) donde se preparó como normalista e inició su vida laboral como docente. Más adelante, esto la llevó a profundizar en la enseñanza aprendizaje ingresando a la universidad Distrital Francisco José de Caldas donde obtuvo el título de Licenciada en Básica Primaria. Con el tiempo se especializa en el aprendizaje escolar y sus dificultades en la universidad Cooperativa de Colombia, donde recibe el título de Especialista en el aprendizaje escolar y sus dificultades.

Se ha desempeñado como docente en instituciones públicas y privadas, siendo la principal característica de su labor docente la preocupación por favorecer cotidianamente el proceso de construcción del conocimiento en sus educandos, de manera que se interesa por estar actualizándose profesionalmente. Esta inquietud y la tendencia a adquirir nuevos conocimientos que perfeccionen su quehacer pedagógico la han impulsado a interesarse por el campo de la comunicación, del habla y del lenguaje, razón por la cual decidió emprender la tarea de escribir el presente libro, como contribución a todos los compañeros y compañeras que en ocasiones deben abordar y tratar de solucionar las dificultades que presentan sus educandos.

Actualmente labora como docente de la Secretaría de Educación de Bogotá en la IED Jorge Eliécer Gaitán, Sede B, Jornada de la Tarde.